サッカーフィジカルのプレーモデル

三浦哲哉［著］
須佐徹太郎［監修］

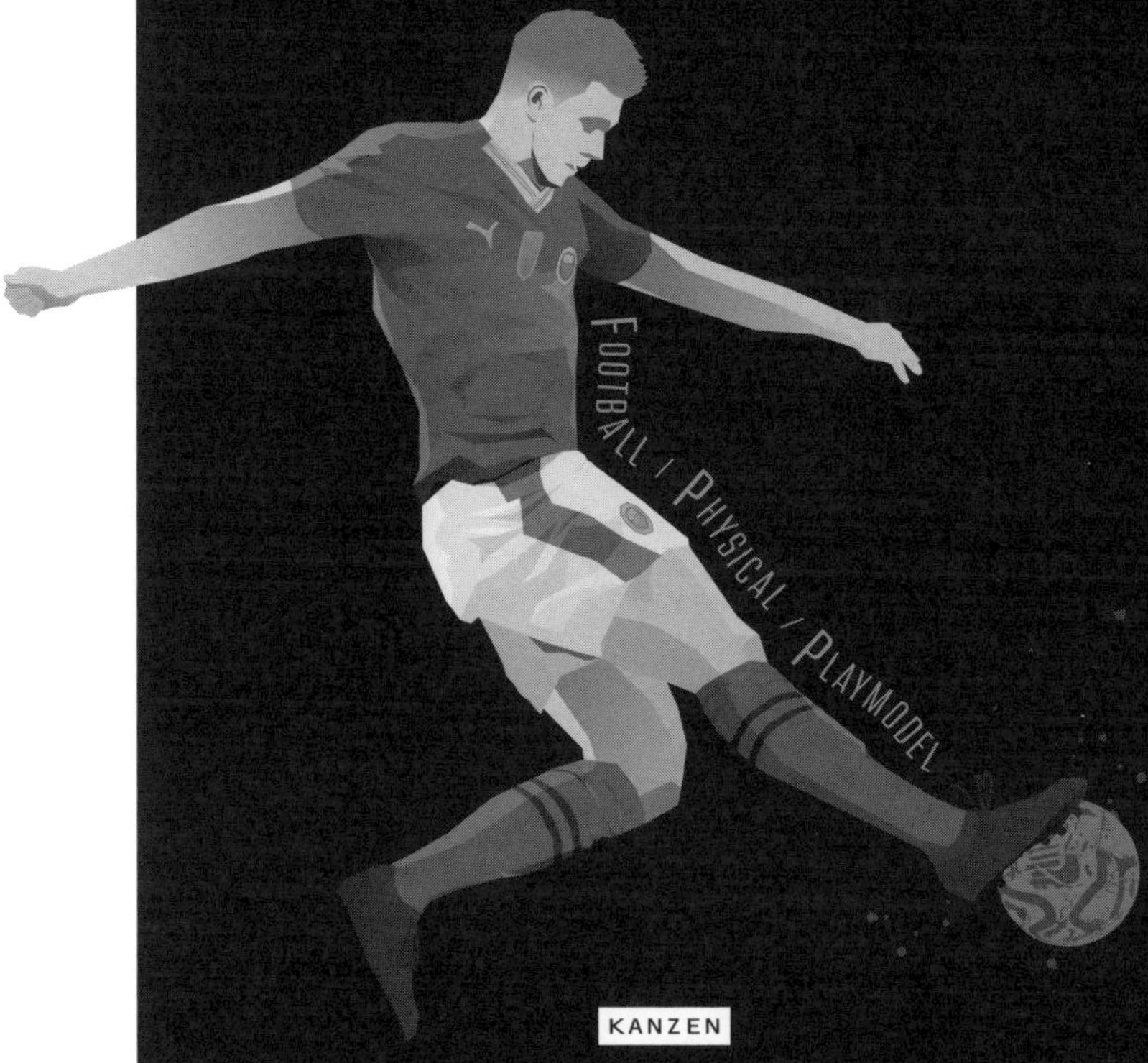

KANZEN

はじめに

私は長年、岡田武史氏（現：FC今治会長）の「岡田メソッド」のような体系化した理論や風間八宏氏（現：南葛SC監督）の「止める」「蹴る」などの用語統一で「目を揃える」という観点から、サッカー選手の身体作りのメソッドができないか？　と模索していました。主観と客観、意識と感覚、科学と感覚のズレは頻繁に起こりますが、科学的知見が背景にあることが前提として、選手や指導者の方に身体作りの理論を受け入れてもらうためには、シンプルな用語でイメージを想起してもらう必要があると考えています。

サッカー選手に必要な動作の獲得、洗練化のためには、

❶スプリントや方向転換などでの「荷重時」の動き
❷ドリブルやキックの蹴り足、ランニングの腕振りなどでの「非荷重時」の動き
❸ヘディングでの空中戦やセービングなどでの「滞空時」の動き

以上の3つの局面において、胴体部分・腕・脚といった身体の各部位の重さを自在にコントロールしながら全身を連動させて動かす能力、と私が定義している「基礎体力」の高さが重要

であると考えています。「基礎体力」の土台となるのは、「上半身の姿勢の良さ」と「股関節の自由度の高い動き」であり、またそれらを繋ぐ骨盤周りや下腹部・腹～腰回りの筋群で構成される「コア・ユニット」の機能の高さが必須であると考えています。また、私はトップ選手の高い「基礎体力」から生み出される、自重を巧みに利用してスムーズな重心移動を行うプレーの特徴を、その動きの質感から「弾むバネ」「沈むバネ」「しなるバネ」と表現し分類しています。

本書は、エクササイズ中の身体の動かし方の優先順位や原理原則を言語化して定義することで、プレーモデル、日本的な伝統的武道・芸道でいうところの守破離の「守」の部分を丁寧に構成し、「型」のような形で「基礎体力」を高めることでサッカーのプレーの質を向上させる、というメソッドになります。自立した選手になるために重要なことは、エクササイズの内容というよりエクササイズをどう解釈してやるか、だと考えています。

「基礎体力」が上がれば、選手のパフォーマンス向上はもちろん、監督・コーチは技術的・戦術的な指導がしやすくなり、フィジカルコーチは負荷のコントロールやトレーニング指導がしやすくなり、メディカルスタッフは予防プログラムやリハビリテーションを進めやすくなり、スプリントコーチ・ストライカーコーチ・パーソナルトレーナーといったスキル系のコーチの持ち味がさらに引き立つ……。また、強化部やスカウトの方の選手発掘や育成、アナリストの分析法の新たな視点にもなるのではないか？　と考えています。

選手を良い状態で次のチームにバトンを渡し続けることで、何歳で何をすればよいかという科学的知見が蓄積されていき、日本サッカー版のＬＴＡＤ（長期アスリート育成モデル）が完成する。そして、結果的にチーム全体、さらにはサッカー界全体が今風に言えばサステナブルな状態となる！　という未来図です。本書が、選手はもちろん指導者、同業者、さらにはファンの皆様の新たなサッカーの見方や健康増進の一助となれば幸いです。

私はイタリアの伝説的名手、ロベルト・バッジョ選手のような、まるでピッチ全体を支配しているかのような佇まいで、圧倒的な技術をベースに決定的な仕事をする選手が大好きでした。本書は、単純なフィジカルの強化だけではなく、オン・ザ・ボールでの技術の獲得、洗練化にも繋がるような内容のメソッドにしています。本書の読者の中から、世界中の観客をアッと驚かせるような創造性や芸術性溢れるプレーをする選手が出てくることを、心から楽しみにしています！

三浦哲哉

監修者はじめに

私と三浦哲哉君との出会いは2015年のユニバーシアード光州大会・全日本大学サッカーチームの取り組みにおいてでした。私がチームリーダーで彼がトレーナーでした。私は彼が施す筋膜リリースのような手技に興味を持ち、彼は私の動作に対する「眼」「観点」に興味を覚えたようでした。私が阪南大学のサバティカル制度で22年度に1年間、筑波大学でお世話になっている間に、彼の着想を聞き、その後私の自宅でプレゼンを受けて、カンゼン社の『フットボール批評』元編集長・石沢鉄平氏のもとで本書が陽の目を見ることになりました。

さて、動作（専門的述語では「運動」＝英語でMovement，独語でBewegung）改善の問題を「準備局面」－「主要局面」－「終末局面」からなる局面構造・リズム構造を持つ、まとまりをもった「運動経過」の問題だけで解決（改善）しようとすれば、行き詰まりを感じる人は多いのではないでしょうか？　動作の内部に意識を向けすぎてしまう（インターナルフォーカス）と、余計に力んでその運動遂行の経済性が失われ、ギクシャクしてなかなか改善に向かわないからでしょう。もっとも、新しい動き方を習得しようとするとき、それまでの動きを改善しようとするときには、ぎこちない段階を経て次第に洗練化されていくことが多いとはいえ、運動学習を妨げてしまうことも多いと思います（※1）。

例えば、余裕のない状況で助走することができず、自分の頭を超えてしまうようなボールをへディングする場合は、上体を反らせた「しなる」フォーム、つまり「運動経過」だけでの改善が難しく、思ったように上体は「しなって」くれません。その場合、ヘディング動作の「終末局面」を先取りする形で着地点を1センチでも前へ持っていくようにすると、それに誘導されるかのように上体が「しなり返って」、ボールを少しでも遠くに、または少しでも強く弾けるように動作が変わっていきます。これを「しなり返し」と呼んでいますが、「運動経過」そのものではなく、着地点を少し遠くへという外的キュー（エクスターナルフォーカス）によってこの運動の、動き方のコツを掴んでいく、このようなことが求められていると思います。

また、動作の見誤り、捉え方が動作改善にマイナスに働く場合もあります。キック時に下肢は二重振り子として骨盤（股関節）～膝が、続いて膝から下が振られて加速してボールにパワーを与えます。その現象を捉えて、「膝から先を速く振れ」「膝から下の振りに力を込めてインパクトを強く」などという指導が見られますが、これは明らかにキック動作の見誤りです。キック動作の全体像からいって膝から下の末端の動きは、

- 上体、体幹（と深層筋）－骨盤が稼働し、重心移動しながら立ち足が踏み込むまでの「準備局面」の最終局面と重なり合う
- 蹴り足が振られ始め、立ち足が踏み込んだ瞬間、蹴り足が追い越していく「主要局面」で、膝から下の動きは「準備局面」－「主要局面」の初期で生み出された力とスピードについてくる

つまり、その局面で力を生み出しているわけではないのです。野球のピッチングもリリース直前に力を込めるのではなく、それまでの動きの集大成であるかのように加速されるのと同じだと考えられるでしょう。

キック動作の改善に対しても「運動経過」の内部に焦点化したインターナルフォーカスでは限界があると考えられます。「しなり返し」の問題も含めて、筋のいい選手はそのコツ、動き方、身体の使い方を掴めるかもしれません。しかし、個人任せに終わることなく、さまざまな動作改善の道筋を明らかにし、多くの選手のパフォーマンス向上を願って本書は作られました。本書には聞き慣れない用語が多く出てきます。どうしたら動きが変わるか（運動発生・運動発達）、今以上にパフォーマンスを向上させるには何を向上させるかを考えていく上で、それらの用語がヒントを与えてくれることでしょう。例えば、

- サッカー選手に必要な動作の獲得、洗練化のために必要なベースとしての「基礎体力」（※2）
- 「コア・ユニット」
- 「上半身の姿勢」をベースとした「弾むバネ」「沈むバネ」「しなるバネ」
- 横隔膜の機能
- 「肘が下」「肘が下の通り道」「膝が下」「膝が下の通り道」
- 「膝を抜く」キック動作、「骨盤の回旋」と「身体の回転」によるキック動作

著者の説明とそこで用いられたイラストを参照して、皆さんも一緒にこの問題と格闘していきましょう。合目的的・経済的運動遂行のベースとして「基礎体力」の向上をみなければ、動作改善は達成されないというのが著者の主眼です。動作改善にはいろいろなアプローチがあると考えられ、さまざまな経験の蓄積もあります。そのひとつの取り組みを示したのが本書です。

須佐徹太郎（阪南大学名誉教授）

※1 これは徳島大学名誉教授の荒木秀夫氏に2002~03年頃に伝授された。インターナルフォーカスとエクスターナルフォーカスの問題でもあるが、荒木氏は「コォーディネーション能力」を捉える視点として、この「感覚運動統合」の問題を、「生態系の問題：主体と環境との関係」「運動発生の問題」の視点とともに挙げている。運動の改善は感覚刺激を通じて、また感覚・知覚・認知の能力は運動刺激を通じて行うことが重要である、と述べている（もうひとつの視点として「時空間変換」も挙げている。荒木秀夫『コオーディネーション運動』㈶健康・体力づくり事業財団、2008年）

※2 コラム「須佐の眼」で後述するが、私は「身体支配力」という用語を充当している

CONTENTS
目次

FOOTBALL / PHYSICAL / PLAYMODEL

FOOTBALL / PHYSICAL / PLAYMODEL

1章

FOOTBALL / PHYSICAL / PLAYMODEL

▼身体作りへの興味

1章 身体作りへの興味

サッカーはますます高強度の世界へ

近年、サッカーの強度・インテンシティの増加に伴い、選手のアスリート化が進んでいるといわれています。

日本サッカー協会（ＪＦＡ）の反町康治前技術委員長は、ホームページ上のコラム「サッカーを語ろう」において、インテンシティや体格などフィジカルに関する内容についてしばしば言及しています。ＧＰＳなど計測デバイスの発達や科学的背景をもとに、各個人の走行距離が９～14ｋｍとなるサッカーの試合中に求めるインテンシティとして、時速20ｋｍ／ｈ以上の**高強度ランニング**の割合を10％以上、育成年代の適切な身体作りの指標として体格を表すＢＭＩ（Body Mass Index）値は、ＧＫが23・

高強度ランニング
現在のＪＦＡの報告では、移動速度を「Zone1」（ウオーキング：０－７km/h）、「Zone2」（ジョギング：7–15km/h）、「Zone3」（ランニング：15–20km/h）、「Zone4」（ハイスピードランニング：20–25km/h）、「Zone5」（スプリント：25km/h 以上）と区分けしており、「Zone4」以上を「高強度ランニング」と定義している。

5、フィールドプレーヤーは23と、目標数値を明確化しているのも近年の発信の特徴であるといえます。並行して、ＪＦＡのフィジカルフィットネスプロジェクトでも、育成年代を中心にフィジカル面の強化に関してのさまざまな発信がなされています。

フットボールライターの結城康平氏は、２０２２年3月号の『Footballista』（第89号）内の「TACTICAL FRONTIER ２０３０年のサッカーに対応する、フィジカルトレーニングの考察」において、

❶インテンシティの強度が40％増加する
❷加速と減速の回数が増える（急加速と急減速）
❸トレーニングが個人スポーツ化する

以上を予測として挙げており、攻から守、守から攻の切り替えの速さや局面での強度と連動性が求められている現在のパラダイムから、同様の未来予想を立てるサッカー関係者は多いのではないかと思います。実際に、スプリントの回数やプレー中に占める割合は年々増加傾向にあるといわれており、スプリントの回数や距離、高強度の加速・減速の回数が試合結果に影響しているとの**報告**もなされています。

報告
ＪＦＡによる２０２３年の報告では、22年カタール・ワールドカップにおいてＦＩＦＡランキング下位のチームが上位のチームに勝利した条件として、「高強度ランニング」の差分（下位のチームのほうが「高強度ランニング」が多い）を挙げている。

スプリントや方向転換が身体に与える負荷

サッカーにおいて、試合中に行われるスプリントの多くは5メートル以内であり、20メートル以内の短距離がほとんどを占める中で、カウンターアタックなどではより長い距離のスプリントが求められることになります。選手には、減速、加速、方向転換をしながら戦術や状況に応じて速く走るスキルが求められています。方向転換は試合中に700回以上あるといわれており、アクション・リアクションを交えた多方向への移動が必要になります。

これらの動作は、高強度で行うほど身体的な負荷が大きくなり、特に急減速を伴う動作は体重の4～5倍の負荷がかかるといわれています。また、近年はリアクションあり・なしの課題の違いで動作が変化することも注目されており、筑波大学が2021年に発表した論文「光刺激による状況判断の有無が方向転換動作に及ぼす影響」によると、スキルとして難易度の高い守備対応で前向きのスプリントから斜め後方に反転するような状況判断下での方向転換が必要とされる場面では、下半身の筋力だけではなく上半身や体幹のコントロールが重要になるといわれていま

【須佐MEMO】

サッカーのレベルを上げていくためには、スプリントとその繰り返し能力が求められる。パフォーマンス向上のためには、「切れのある動き、身のこなし、即スピードに乗れる（移動距離が出る）、パワー出力ができる動き」かつ「戦術的状況、タイミングで要求される切れ・スピードが出せる」ことが必要で、それらの繰り返し能力こそ「サッカーのスタミナ」といえる。それゆえ、スプリントの繰り返し能力=回数を測定して、その試合のレベル（強度の高さ）、パフォーマンスを把握していく必要がある。良いチームでは、攻撃時の突破のために高スピードでのアクションを繰り返したり、複数人が連動しているため、回数が多くなっている。また、スプリントにカウントされない1秒以下の高速走行も多いと想像される。

す。さらには、スプリント・方向転換ともに疲労時にフォームが崩れやすく、かつサッカー中に起こるケガの好発動作だといわれています。

育成年代においては、スプリントや方向転換、その基盤となるジャンプ能力は、パフォーマンスだけではなく、次のカテゴリーに上がるための**選抜理由**にもなるといわれています。トップカテゴリーだけではなく、育成年代からスプリントと方向転換の速さや質を上げていくことは、今後もカギになることは間違いないでしょう。

さらには、ＪＦＡのフィジカルフィットネスプロジェクトでは、ジュニアユースやユース年代を対象に大規模なフィジカルに関するデータ収集や、画像やＡＩを用いて疲労時の動作変化や接地パターンなどの詳細な分析もなされており、今後はそれらの結果をもとに新たな選抜方法やトレーニング方法、ケガの予防プログラムが誕生しそうな期待感もあります。

さまざまなメソッドで、スプリントや方向転換の強度と効率的な動作の学習を並行して落とし込むことは、多くのクラブで行われていると思います。筑波大学・谷川聡准教授、法政大学・杉本龍勇教授、いわきＦＣ・スプリントコーチの秋本真吾氏の活躍に代表されるように、陸上選手がサッカー選手の走り方に介入していくことは、今後ますます増えてくことが予想されます。また、「エコロジカル・アプロー

選抜理由
ＪＦＡホームページ内のフィジカルフィットネスプロジェクトのページで、アンダーカテゴリー代表選手のスプリントや方向転換、ジャンプなどのフィジカル測定結果を公表している。

チ」や「コンテクチュアルトレーニング」「ヴィセラルトレーニング」といった非線形運動学習理論をベースとした生体↕環境↕課題の相互関係から無意識に動作を落とし込むような制約主導型アプローチのメソッドは、現在のひとつのトレンドといえるでしょう。

ケガの予防は疲労への対処や介入がカギ

ケガの予防は、①外傷・障害統計→②原因究明→③予防介入→④効果検証の4ステップのサイクルによって説明されており、ＪＦＡでも２０２０年からサッカーのケガや病気に関する本格的な大規模疫学調査（JFA-Survey）がスタートしています。23年には「ＣＯＶＩＤ-19パンデミックがＪリーグ選手の障害発生に与えた影響」についての論文が発表され、20年のパンデミックによる4カ月の競技中断から再開後の2カ月間において、前年度と全体のケガの発生率は変わらないものの、肉離れなどの筋損傷の発生率が3〜5倍増加したということが明らかになっています。

予防法に関しては、施設、クラブ単位や個人レベルでも、科学的知見や経験に基づいた**さまざまなアプローチ**がなされています。しかしながら、ケガの予防は簡単ではなく、ヨーロッパサッカー連盟（UEFA）の報告を例に挙げると、2001〜21年におけるトップレベルのサッカー選手に関する疫学調査では、サッカー選手に好発し再発例の多いハムストリングス（腿裏の筋肉）の肉離れは近年でも発症数は減っておらず、ケガの総数に占める割合も微増傾向にあるといわれています。

近年、ケガの原因や予防は筋力や可動域、動作といった単一の要素ではなく、複雑系のモデルで説明されていますが、その中でも「疲労」への対処や介入はカギになると考えています。GPSデバイスは、トレーニングやゲーム中の選手の身体的負荷の推定や、アスレティックリハビリテーションの負荷設定においても活用されるようになってきており、データの集積により今後、**新たな知見**や予防法が生まれる可能性があります。

2023年に久保建英選手（現：レアル・ソシエダ）や三笘薫選手（現：ブライトン&ホーヴ・アルビオン）の疲労の訴えに関する記事が話題となりましたが、高強度のパフォーマンスを常に強いられ、かつ長距離移動を伴う過密日程であれば、疲労が蓄積していきやすいことは明白だと思います。身体的負荷の少ない動作の獲得や、休養や睡眠・栄養を中心とした心身への負荷に対するリカバリー能力は、今後もパフォー

さまざまなアプローチ
ハムストリングス肉離れの予防法やリハビリテーションでは、筋肉が伸びながら力を発揮する遠心性収縮の重要性がいわれている。代表的なトレーニングとしてはノルディックハムストリングスが挙げられ、効果に関してさまざまな検証がなされている。

新たな知見
現在、Acute:Chronic Workload Ratio（ACWR）という、直近7日間の負荷量（急性負荷:Acute）と、過去28日間の週平均の負荷量（慢性負荷:Chronic）との比率が注目されている。この数値を0・8〜1・3（Sweet Spot）に収まるように運動負荷を管理することで、ケガの発生リスクが下がるといわれており、対してACWRの値が1・5（Danger Zone）を超すとリスクが高くなるといわれている。

マンスだけではなく、キャリアにも大きな影響を及ぼすこととなるでしょう。**疲労**の客観的な指標は、生理学的バイオマーカー（①脳機能、②循環動態・自律神経機能、③行動量・睡眠動態）と生化学・免疫学的バイオマーカー（血液・唾液・尿など）に大別されます。健康な一般人では、これらの客観的な指標と主観的な疲労度に相関があるとされており、自分の心身で起こっていることを正確に感知できていることが推測できます。一般人と比較してより高度かつ高強度の身体活動が求められるアスリートであるサッカー選手において、休養の欲求と休養後の回復度合いを正確にモニタリングできる能力は、リカバリーの質の向上のために重要になると考えています。

疲労
疲労の原因を、①エネルギー枯渇、②生体恒常性、③脳（中枢性）疲労、④組織や筋損傷、⑤疲労物質に分類し、戦略的にリカバリーを実施するという考え方が主流となっている。

「基礎体力」が乏しい選手が大型化するのは危険

臨床やスポーツ現場での肌感覚と文部科学省やＪＦＡが発信しているデータを照らし合わせてみても、育成年代の選手の体格は大型化しつつある印象があります。
しかしながら、育成年代のトップレベルでも、自重をしっかり支える土台となる、胴体部分・腕・脚といった身体の各部位の重さを自在にコントロールしながら全身を連動させて動かす能力である「基礎体力」が乏しい選手が大型化すると、期待されるパワー発揮能力の向上というより、むしろプレー中の姿勢の悪さや非効率的な動作に繋がってしまう印象があります。本書では「重さ負け」という表現で説明していますが、このような選手のパフォーマンスを見ると、動きのしなやかさを欠き、伸びしろが少なそうに見えてしまう傾向にあります。

また、上半身の姿勢の悪さは、筋・骨格的な負荷だけではなく、リカバリーに重要な呼吸循環器や消化器といった内臓機能や自律神経系、さらにはメンタルヘルスにも悪影響を与えるといわれています。育成年代では特に、負荷にリカバリーが追いつかないことによるプチ（?）「燃え尽き症候群」的なことが起こらないよう、選手個人のリカバリー能力はもちろん、指導者側や家族の方々の配慮も重要になってくると考えています。

トレーナーとしての矜持

2022年に行われたカタール・ワールドカップの日本代表のメンバーは、大学サッカー出身者が26人中9人を占めており、大学在学中にもかかわらず海外リーグに移籍する選手が出るなど、日本独自の育成システムとして世界からも注目されています。

私は大学カテゴリーで11年間、トレーナー活動をさせていただきました。慶應義塾体育会ソッカー部では男子部4人、女子部1人、フットサル部門1人の個性豊かな監督やコーチのもと、充実した日々を過ごすことができました。中でも、7年間ご一緒させていただいた須田芳正前監督（現：慶應義塾体育研究所教授）が、常々「慶應ソッカー部はサッカー研究室！」とお話しされていたことがとても印象に残っています。

現場にいると、思い通りにいかないことやうまくいかないことはたくさんあり、試合結果などで心身をすり減らすような機会も多い中、その言葉を励みに探究心を持ってチャレンジし続け、楽しむことを忘れずに活動することができました。また、並行して全日本大学選抜やユニバーシアード代表でもトレーナー活動をさせていただいたことで、ボトムからトップカテゴリーまで幅広いレベルの選手を重層的に見ることができたのは、とても貴重な経験となりました。

現場での活動を通して、選手、指導者、家族などの選手を取り巻く方々の思いが（自分なりにではありますが……）本当によくわかりました。選手は大好きなサッカーで苦しいことや嫌なことをたくさん経験しながらも、ずっと続けているだけでも大変なはずで、ましてやプロ選手になることなど、とてつもなくすごいことなのだと痛感しました。

併せて指導者の方のサッカーと選手に対するリスペクトや努力と苦労、また選手を取り巻く家族や友人、育成に携わった方々の熱い思いに触れる機会も数多くありました。最後の育成年代にあたる大学生に接していく中で、昨今言われているプレーヤーズファーストの本質とは何か？　自分ができるベストは何か？　ということを、活動しながらずっと模索していました。私なりの結論として、

❶丈夫で健康な姿で家（故郷）に帰す
❷余力を残した良い状態で次のステージに渡す

以上の2点に至りました。考えるにあたり、私の最大の趣味である競馬の名調教師・藤澤和雄氏の著書や「一勝より一生」「Happy people make happy horse：幸せな人間が幸せな馬を作る」「馬を大切に扱えば、必ず恩返ししてくれる」という名言が、とても参考になりました。

テーマは自重をコントロールする「基礎体力」の追求

サッカーに限らずだと思いますが、大学スポーツという構造上、プロのクラブとは異なり強化にかける資金が潤沢ではないこともあり、少数のトレーナーで大人数を指導しなければならないケースがほとんどなのが現状でしょう。プロのトップチームのようなフルタイムかつ複数人での分業制ではなく、メディカルサポートとフィジカルサポートを兼務されている方も多いと思います。時間的余裕やマンパワーが足りない中で、治療やケア、リハビリテーション、ケガ予防、パフォーマンス向上、また優先順位の決定や個人↕チーム全体、即時効果↕遅延効果、外部（パーソナルトレーナーなど）との連携など、複雑で相反する要素がある中で、バランスよく意思決定し選手に介入していく必要がありました。その中で、これらすべての要素を網羅し、必要最小限で効果的な介入方法はないか？　ということを模索しながら活動をしていました。

私のトレーナー活動は、理学療法士と**日本スポーツ協会公認アスレティックトレーナー**の資格が背景にありますが、現在のトレンドや科学的知見、現場で実際に

日本スポーツ協会公認アスレティックトレーナー
①スポーツ活動中の外傷・障害の予防、②コンディショニングやリコンディショニング、③プレーヤーの安全管理と健康管理、④医療資格者に引き継ぐまでの救急対応、という4つの役割に関する知識と実践する能力を活用し、スポーツをする人の安全と安心を確保した上で、パフォーマンス回復や向上を支援する指導者。

起こっていること、さらには先人の方々の知恵を踏まえて、サッカー選手の身体作りの土台となる、自重をコントロールするために必要な「基礎体力」を追求することなのではないか、ということが一つの結論となりました。

ＪＦＡでも選手のフィジカルリテラシーと指導者のサイエンス**リテラシーの向上**の重要性に関して発信していますが、ＳＮＳ全盛とあってサッカー選手の身体作りに関する情報や動画もたくさん上がっており、実際はどのトレーニングを選んだらよいのか迷っている選手や指導者の方は多いと思います。実際には、フィジカル面は必ずしも右肩上がりに向上していくわけではなく、どんな選手でもキャリアを通して試行錯誤しているのが一般的です。

前述の須田氏らの著書『ドイツサッカー文化論』（東洋館出版社、２０２３年）に、ドイツ・ブンデスリーガで活躍した武藤嘉紀選手（現：ヴィッセル神戸）のインタビューが掲載されています。

「ドイツで屈強な選手たちと戦うことになって、身体を強くしなくてはいけないというので頭がいっぱいになって、とにかくウエートトレーニングをしまくったんですよね。つけるほうばっかり考えてしまって、気づいたときには手遅れでした。後々思い返すと、身体の動きの部分、しなやかさが失われていて、むしろそのケガ

リテラシーの向上
JFAが2022年に発表した「ナショナル・フットボール・フィロソフィーとしてのJapan's Way」内の「フィジカルフィットネスの未来」でリテラシーに関する詳細が説明されている。

でよくおさまったなと思います」（一部本書の表記に統一）

選手には、身体作りも思い切りチャレンジしてほしい！　と思います。失敗から学習して飛躍する、長期的視野で遅延効果を狙う、という側面ももちろんあると思いますが、身体作りに関わる指導者やトレーナーはうまくいかなくなった際のリスクを最小限にすることも考慮しながらのサポートが望ましいのでは、と考えています。身体作りでも、迷った際に立ち戻れる場所のようなものが提供できるとよいのではないでしょうか。

大きな転機となった須佐徹太郎氏との出会い

2010年に開始した大学でのトレーナー活動は、私が理学療法士という背景もあり、選手の治療やケア・リハビリテーションといったメディカルサポートが中心となりました。ケガで一定期間離脱する選手には患部外のトレーニングをする場合がありますが、単に身体的な負荷をかけるのではなく、どのようにすればケガの再発予防だけではなく復帰後のパフォーマンスの向上や長期的な伸びしろに繋がるのか、また、アスレティックリハビリテーションの終盤以降で監督・コーチやフィジカルコーチ、トレーニングコーチといった専門職に引き継ぐ際にどのような状態であれば仕事をしやすくなるか、ということを常に頭に入れながら活動していました。

チーム全体で外部からのフィジカルサポートを導入していた年度もあります。また、時代経過とともに外部のパーソナルトレーニングを受ける選手も増えてきていました。選手の状態変化の把握やトレーニング効果を検証しつつ、私がサッカー選手の身体作りに携わるとすればどのようなメソッドにするか？　という構想は、ずっと心の中で温めていました。

大きな転機がありました。2013～15年の約1年半、トレーナーとして帯同した全日本大学選抜で、当時、阪南大学サッカー部で監督を務められていた須佐徹太郎氏（現：阪南大学名誉教授）とご一緒させていただいたことです。

須佐氏は、サッカーの技術や戦術だけではなく、トレーニング理論や選手の身体の使い方に関する話をたくさんお話ししてくださる方でした。ただ、当時の私にとっては難解な内容も多く、例に挙げると、「〇〇選手の空間定位・分化能力は高い」「対戦相手の〇〇の10番は『**身体支配力**』が高いから侮れない」といった話をされていました（のちに、「身体支配力」というのは、①初動負荷理論、②コォーディネーション理論、③

「身体支配力」
章末コラム「須佐の眼」を参照。

独自の体幹トレーニング、を掛け合わせたものだと教えていただきました）。何かを追求している方に特有の、物事の本質を語っているような凄みや深みは感じられたものの、当時の私は勉強不足で何のことを話されているのかほとんどわからない状態でした。

阪南大学のしなやかな動きに衝撃を受ける

また、2014年冬の全日本大学選手権で、慶應義塾大学対阪南大学の試合が行われましたが、その内容は私にとって衝撃的でした。結果は0対3で完敗し、何より驚いたのは、フィジカル的な速さや強さだけではなく、多くの選手がしなやかな動きでピッチを躍動する姿でした。須佐氏がトータルコーディネートをした芸術作品、という感じすらありました。何をどうやったら、このような動きを生み出す身体作りができるのか？　私なりのメソッドで、チャレンジしてみたいと強く思ったきっかけとなりました。

同時期に気になっていたことがありました。大学2～3年生にあたる20歳前後になると、パフォーマンスが低下したり、伸び悩んだりするような選手が一定数出現することでした。また、「疲労が抜けにくくなった」という選手の訴えが多くなる傾向がありました。言い換えれば、この20歳前後をうまく乗り越えた能力の高い選手が、プロ選手になっている印象がありました。私なりに共通点を分析してみたところ、

❶身体的特徴としては、上半身の動きが硬い、腕が使えない、腹~腰回りの厚みと比較して脚が太い

❷動作的特徴としては、地面への接地時に足首の安定性がない、止まる動きの質が低い

❸精神面的特徴としては、真面目すぎる、競走馬でいうところの「かかる」、といったタイプの選手がそのような状態になりやすい

以上のように感じていました。また、競技開始年齢が早く、かつ高いレベルでの競争をずっと続けていた選手も多く、勤続疲労・金属疲労のようなものもあるのではないかと推察していました。

武藤嘉紀選手は姿勢が良く、背骨回りがグニャグニャと動く

対極にあったのが、プロ選手として活躍していた武藤嘉紀選手でした。現在は、筋骨隆々で屈強なイメージがある選手ですが、大学生のときから姿勢が良く、上半身は背骨や肋骨、肩甲骨周りがグニャグニャと動くのが特徴でした。股関節の可動域も広く、四股や伸脚、開脚をするとこれまたメチャクチャに柔らかいのです。筋肉に弾力性があり、足の裏を触るとつきたての餅のような柔らかさで、立つと吸盤のように地面にピタッとくっついているような感じでした。

しかも、爽やかで絵に描いたような好青年でした。「強烈な努力」が座右の銘の武藤選手は、フィジカルトレーニングにかける情熱やその動きの質もすさまじく、入学時にはまだ線の細さが残っていた身体は、3年生の頃になると順調に体格も大きくなり、プレーの力強さを増すだけではなく、しなやかさを失わずに部を卒業していきました。その後は、Jリーグから日本代表、さらには海外移籍と、あっという間にスター街道を駆け上がっていきました。彼のような「基礎体力」の高い選手がトップで活躍するのだなと、私の中で一つの指標になりました。身体のしなやか

さという点では、同時期に活躍していた端山豪選手（アルビレックス新潟など）も同じような身体的特徴がありました。

慶應義塾大学ではプロになる選手も一定数いますが、卒業後は多くの選手がビジネスマンとなり、さまざまな分野で社会のリーダーとして活躍する人材になります。そういった選手たちにも、「しなやかさ」というキーワードは適しているのではないか、とも考えていました。順境も逆境もしなやかに駆け抜ける、というイメージです。スッと伸びた姿勢から醸し出される良い雰囲気があるだけでも同僚や取引先から好印象を持たれやすいはずで、慣用句「軸がある」「肩肘上がらない」「懐が深い」「腹が据わる」というような身体作りをすることで、たとえプロ選手にならなかったとしても卒業後に、もしくはプロサッカー選手としての引退後のセカンドキャリアに少しでも活きたらうれしいな、と思っていました。

トップレベルの選手たちに共通するものは何か？

早速、しなやかな身体作りを目指し、私なりに考えたトレーニングを実施してみました。しかし、あまりうまくいかず、想定していたような結果が得られませんでした。振り返ると本当に恥ずかしいのですが、ストレッチ系のエクサイズをたくさんして身体が動きやすい状態になればしなやかな動きになるだろう、という安直な考えが当時の私にはありました。当然、介入してもすべての選手に当てはまるわけではありませんでした。また、単純に知識、技術、経験不足で、気がついたら教科書に載っているようなことをそのままやっている、という状態でした。

また、理学療法士という背景から、リハビリテーションの考え方を身体作りにもそのまま当てはめてしまい、どうしても介入後にその場で動作が変わっていればOK！としてしまいがちで、プレー中の動きにどれくらい反映し技術として定着しているのかまで目が届かず、長期的な視点も持ち合わせていませんでした。

当然、このままではマズい！と思いました、そうなると、最先端のトレーニング理論を深く学んだり、エキスパートに師事したりするのが一般的だと思います。

しかし、なぜそう考えたのかいまだによくわからないのですが、まずはトップレベルの選手にどのような共通点があるのかを、じっくり調べたほうがよいのではないか？という直感のようなものがありました。おそらく、どういう理論を背景にプログラムを組み立てているかよりも、与えられたエクササイズでトップ選手がどういうふうに動いているか、という科学的分析や数値で表しにくい動きの質感をまずは知ったほうがよいのでは、という考えがあったのだと思います。

ちょうどタイミング良く、クラブやメディアのサイト上でトレーニング動画が配信され、選手個人のSNSでも投稿されるようになってきていたところでした。そこで、欧州5大リーグを中心に**フィジカルトレーニングの動画**を可能な限りかき集め、また並行して可能な範囲で**Jリーグクラブのトレーニング**も見学し、私なりに世界トップ選手の共通点と他の選手との違いを分析することを始めました。

フィジカルトレーニングの動画
動画を多く見たクラブは、バルセロナ、レアル・マドリード、アトレティコ・マドリード、マンチェスター・シティ、チェルシー、トットナム・ホットスパー、ユヴェントス、バイエルン・ミュンヘン、シャルケ、PSG。武藤嘉紀選手のキャリアを追いかける形で、所属したマインツ、ニューカッスル・ユナイテッド、エイバル。代表チームは日本、イングランド、フランス。

Jリーグクラブのトレーニング
自宅近郊の横浜F・マリノスと川崎フロンターレのトップチームから育成年代まで、よく練習見学に行った。

COLUMN

須佐の眼

「基礎体力」＝「身体支配力」

「運動経過」の改善だけで技術的レベルは上がらない

サッカーの技術的レベルを高めるというとき、「運動経過」の改善にのみ焦点化しても、技術的レベルは上がっていくものではなく、以下の要素が必要になってくるでしょう。

・スピード・プレッシャーの増大下でプレー能力が低下し、プレーが頭打ちにならないように、より高いレベルでの技術力発揮のために、自分の身体をコントロールする能力＝「身体支配力」（著者の言葉では「基礎体力」）を身につけること

・そのためには自分の身体の内に「動ける感じ」「できる感じ」が発現して、実際の技術・戦術トレーニングの中で実践していくという意味での反復性（再現性）を増やしていくこと

・そのためには動きにとってのマイナス要素である「終動負荷トレーニング」や鋳型化・ステレオ

タイプに陥るトレーニングを排除し、能動的に状況に対応するダイナミックステレオタイプが創出されるようにトレーニングを配慮すること

これらをはじめから知っていたわけではなく、以下で述べるように指導の壁にぶち当たりながら選手のプレーレベル向上と格闘してきました。

「初動負荷理論」の小山裕史氏との出会いと身のこなしのレベルアップ

大学生を指導し始めたとき、フィジカル面でのレベルアップを目指してウエートトレーニングに取り組ませました。しかし、負荷のかけ方の問題か、フォームの問題か、頻度や量の問題か、当時はわかりませんでしたが、故障者が逆に増え、途方に暮れていた1990年頃ちょうど読んでいたのが「初動負荷理論」（※1）の提唱者・小山裕史氏の『トレーニング革命』でした。その第四部【競技特性を考えたトレーニング法】、第五部【限りない発達を求めて】の中で、ウエートトレーニングと「投動作」「走動作」「打つ動作」などの動き作りの問題を関連づけているところに目を惹かれ、すぐさま鳥取にある小山氏のトレーニング施設「ワールドウィング」に電話をしたところ、運よく小山氏自身が受け応えをしてくれたのが、同理論との出会い（その萌芽）（※

2）でした。

動作改善に向けて「初動負荷法」（※3）がなぜ必要となってくるのかというと、

❶ 筋の弾力性の促進と筋血流量の確保
❷ 神経－筋機能の促進∨相反神経支配の亢進（※4）
❸ 体幹部の筋群の発達とパワーアップ
❹ それらに基づいて動作バランスの改善
❺ 筋の弾力性をベースとした促進筋ポンプ作用による有酸素能力の改善（※5）
❻ SSC（Stretch Shortening Cycle）の促進&弾性エネルギーの再利用

という効果があるからです。

関西学生リーグ3部からスタートした阪南大学サッカー部がこのトレーニングに取り組みだし、身のこなしが改善され（科学的には証明していません）、スタミナが増した結果（と推察しています＝※5参照）、4年目で1部リーグ昇格、6年目でリーグ優勝を果たしました。私自身が「初動負荷トレーニング」によって「身体支配力」が向上した内部機序を証明したわけではありませんが、何よりも末端・足先の動きを排除し、体幹や軸足からの重心移動を伴った動きが徐々にとはいえ、チーム内に浸透していったことによって成果が出たと考えています。

「コォーディネーショントレーニング」の導入と「動感＝キネステーゼ」の形成

2002～03年頃から徳島大学名誉教授・荒木秀夫氏の指導を受け始めたのが、阪南大学サッカー部における「コォーディネーショントレーニング」導入の嚆矢でした。

新しい動きに取り組むとき、動きを修正・改善しようとするとき、自己の「運動経過」の内部に意識を向けるインターナルフォーカスだけではうまくいかないケースが多々あることは、「監修者はじめに」でも述べました。差し込んでくるボールに対するヘディング動作の習得・改善の例でもわかるように、特定の運動の習得・改善に際しては、指導者の示範やいい（または憧れの）選手の模倣を通じてコツを掴める場合はいいですが、ベースとして身体が動きやすくなるだけではダメで、即「（その運動の習得・改善への）動ける感じ」「できる感じ」が身体内部に湧き起こってくる「運動意欲」が喚起される必要があります。それが「動感＝キネステーゼ」といわれ、最初はぎこちなくても、その動きができるコツを掴み始めます。が、それは不安定なものなので、いい動きの機序の定着化は見られないでしょう。

しかし、それぞれの学習段階で、多くの反復に時間を裂くのではなく、そのスキルの中にある、

❶ 空間を把握する

❷ 時間を調整する
❸ 強さ・速さ・リズムを調整する

というポイントに着目し、共通点をトレーニングすることで、運動の習得・改善に繋げていこうとするのが「コォーディネーショントレーニング」であると荒木氏は述べています（※6）。一定の反復が必要な練習もありますが、積み重ねのドリル訓練というイメージではなく、短時間で「動感＝キネステーゼ」を身体内部に湧き起こし、体幹制御／運動制御できる状態・水準に持っていくトレーニングです。

不安定だった粗削りなフォームの段階＝「粗協調」の段階から、自己観察↕他者観察（※7）を繰り返しながら、一定レベルの定着と変化条件への適応化が生じ、運動遂行の内的・外的妨害的影響に対する「免疫性」ができます。スピードが上がったり、プレッシャーが強くなるなど、厳しい条件下でも適応可能で、しかも自己の動きを運動覚で完全に制御可能になり、「能動的対応力」が出来上がって洗練化＝「精協調」「最高精協調」へと向かっていく理想像が見えてきます。経験的には、「粗協調」の段階でも試行錯誤を重ねながら自身で掴み取るようにする状況が芽生えたときから、その次の修正・洗練化の段階へと向かうときに「コォーディネーショントレーニング」はかなり有効でした。いまだ不安定な《自分なりのコツ》から《伝承可能なみんなのコツ》へと深化させていくとき、「身体支配力」の向上が認められたといえるでしょう。

体幹を操作する術を身につけていく「BCトータルバランストレーニング」

「コォーディネーションドレーニング」は今持っている能力を最大限活用し、そのためにバラバラな諸要素を関係づけ（コォーディネートし）、状況に応じた反応・動きができます。つまり、「刺激―反応パターン」ではなく、「能動的対応力」を向上させていくのに対し、「BCトータルバランストレーニング」は、私の理解では（BCの意味はきちんと理解していないので割愛します）、より意識的に、だがしかし解緊（脱力）状態で体幹深層筋の活用をより促し、体幹をコントロールする術を身につけていくものと考えられます。

そのために肩甲骨を下ろした状態、つまり逆説的ですが腹腔を伸ばした状態（骨盤が垂直）で体幹からの身体操作を促していくことを学習していきます。この姿勢を静的に保っていく、腰背部を緊張して反らすのではなく、骨盤底筋群、腹斜筋（外腹斜筋・内腹斜筋）、腸腰筋（大腰筋・腸骨筋）からスゥーとS字の姿勢を作り、その体幹から動けることができるように鍛えていくのが「BCトータルバランストレーニング」だと自分流に理解しています。

2013年頃よりキネティックフォーラムの指導者の教えを受け、さらに選手が個人的にお世話になりながら、またキネティックフォーラムに参加しながら勉強を重ね、18年より年に数回、阪南大学サッカー部向けに講習会を開催しました。

さらには股関節痛が発症し、グローインペインが疑われる選手を診ていただいた浦和レッズのトレーナー・野﨑信行氏（現：FC岐阜コンディショニングスーパーバイザー）から、動的に深層筋を使うことで表層筋に頼らず股関節を動かすことを身につけることを伝授してもらうとともに、当時レッズで施していた「安定性」「可動性」「協調性」の向上を企図した、野﨑氏の「予防コンディショントレーニング」も見学しました。

それぞれのトレーニングの頻度と量

前述のように「身体支配力」アップのために、あれやこれやってきているように思われるかもしれませんが、要は、筋が弾力的に、身体が柔軟に、神経―筋機能がうまくいき、動きやすくしていく――しかも力感を少なく、それでいてパワーアップしていくための身体の使い方・深層筋の活用の仕方を学んでいきました。

「レジスタンストレーニング」の第一人者、石井直方氏の体幹（コア）トレーニングの「体幹の柔軟さ」「体幹を動作する感覚」「体幹を固定する感覚：スタビライゼーション」「体幹の筋力」「複雑な動作の中で体幹機能を最大限発揮」**（※8）**という領域を実施していけば、量的に多くなり時間的にも精神的にも選手に大変負荷がかかることになると思います。そのような領域を前述した方法で一緒くたに実施すれば、選手の負担軽減にもなると考えてきました。

では、実際のトレーニングの頻度と量を以下に示しましょう。

■「初動負荷トレーニング」

・ミクロサイクル（1週間スケジュール）ではオフ明けの早朝に「初動負荷トレーニング」をフレックス目的に実施し、中日頃に少し負荷を上げて強化目的として実施

・1セッションでは主にフレックスダウンとして、ダウンのストレッチ代わりに（「初動負荷法」自体が動的ストレッチであり、負荷＝重量は筋のSSCのきっかけを生む「触媒」と捉えているため）ほとんど欠かさずに実施

・公式戦の日でも試合出発前の1stアップ、試合後のBMLフレックスダウンとして実施

■「コォーディネーショントレーニング」

・ウオーミングアップに体幹から四肢への運動伝導、骨盤からの動きの発動などを誘導する意味で実施

・特定の「コォーディネーション能力」を必要とするプレー：例えば落下点を捉えるための空間定位能力を必要とする練習（ヘディングなど）の前に、またはそれが発現するスキル要素を含む練習（ドリブル突破など）の前に実施

・出し手と受け手のパスのタイミング・スピード・方向の調節を必要としているとき、あるいは試合や練習で乱れてきたと感じたときに実施
・「動ける感じ」「できる感じ」を目覚めさせるために実施

■「BCトータルバランストレーニング」
・身体の目覚め、体幹からの発動感覚の呼び覚ましの意味も含めてウオーミングアップの一環として実施

強化目的の「初動負荷トレーニング」以外は（それも通常の1週間サイクルでは週1回。リハビリトレーニングやシーズン準備期では強化目的の「初動負荷トレーニング」は少し頻度が多くなりますが……）、ウオーミングアップやダウン、メイン練習の前、回復トレーニングとして実施しており、私としてはボール練習を含む全トレーニングの一環として位置づけたもので、あれやこれやという感じではありません。一つずつ段階を踏んで築き上げるのではなく（ある面ではそういうところもありますが）、これらを実施すると、即または短期間で「動感＝キネステーゼ」を生み、実際のプレー遂行に繋げていくという実施形態をとってきました。

ダウンでジョギングの代わりに、ストレッチの代わりにというように「初動負荷」フレックスとして実施すれば、身体は柔らかくなり、筋ポンプ作用も働くようになるという具合に、時間的

な節約をしながら効果も上げられると考えられます。通常のトレーニングセッションでは、大学生の場合、グラウンド利用の時間的制約もあって、授業後に即トレーニングとなるケースが多いと思われます。なかなかセッション前には導入できないのが現実でしょうが、トレーニングセッションの前に「初動負荷」フレックスをアップとして実施すれば、動的ストレッチ効果、神経-筋機能の促進効果もあって動きやすくなるのは間違いないと思われます。

「身体支配力」をアップするためのまとめ

「サッカーはサッカーをすることだけでうまくなる」という考えだけでは改善できないものもあると思い、阪南大学サッカー部が取り組んできたことを僭越ながら披瀝しました。以下にまとめると、

- 要素還元主義に陥ることなく、プレー次元の向上と不可分の身体操作能力、体幹制御能力のレベルを上げないと頭打ちになりやすい！
- 基礎からの漸次的な積み重ねではなく、運動感覚（「動感＝キネステーゼ」）を刺激し、「ディファレンシャル・ラーニング」の手法も取り入れ、運動発生（改善）を促すように持っていく！
- その際、鋳型化・ステレオタイプを排除し、多様な状況対応力を求めるダイナミックステレオ

タイプを形成するためにも、「コォーディネーション能力」の向上が求められる！

・神経–筋機能を促進し、筋の弾力性・筋ポンプ作用を改善↓SSC・動作バランスを促進していく「初動負荷トレーニング」もプレー能力の改善に内的に関係しており、動作改善のベースを築く上で欠かせない！

・身体操作能力、体幹制御能力のレベル向上のためには、個人個人で問題の差異があるので、それぞれの欠陥を克服する上でも姿勢制御・体幹コントロールのトレーニングも求められる！

ということになろうかと思います。

※1「初動負荷＝Beginning Movement Load」は小山氏が連載していた『月間陸上競技』（講談社、1994年3月）に発表したのが初出

※2 小山裕史『トレーニング革命』（ベースボール・マガジン社、1985年）で、94年には明確に「初動負荷理論」に基づくトレーニング体系の確立と展開と副題を付けた『新訂版 新トレーニング革命』を講談社から上梓。動作の終末に負荷をかけ、筋の硬化を生み、スピードと動きの滑らかさが低下し故障を引き起こしやすい「終動負荷トレーニング」を実証的に批判するととも

に、「身体動作と筋力の融合」「筋力と競技技術の融合」を詳述しながら、「初動負荷理論」を提唱している。その後、小山氏は日本女子体育大学の根本勇氏や鹿屋体育大学の荻田太氏、早稲田大学の鈴木秀次氏（所属は当時）らの協力を得て「初動負荷理論」を豊かにしていく

※3 この『初動負荷理論による野球トレーニング革命』（ベースボール・マガジン社、1999年）、小山氏の文献、小山氏との交流などから簡略化した

※4 最近の小山氏の研究では、神経-筋機能の促進に留まらず、新たに開発されたB.M.L.TカムRマシンのトレーニングを通じて、脳と神経機能の発達を促していくという。手の指が動かなかったパーキンソン病患者の症状が改善し、職場&ゴルフ復帰も果たした事例もある（『Sports Graphic Number』1080号、文藝春秋、2023年9月）

※5 1998年頃より阪南大学サッカー部の準備期Ⅰ（1月中旬~2月初旬）において、およそ3週間（学年末試験にしっかり向かわせることも含めて）、寮内に設置した初動負荷マシンを活用したトレーニングのみに専念させ、その前後に漸増負荷テストによる血中乳酸濃度を測定し、OBLA（血中乳酸濃度4mmol／lレベルの走スピード）を割り出したところ、その他のボールトレーニングはもとよりジョギングも禁止していたにもかかわらず、全員がOBLAの値が高くなっていた。つまり基礎的有酸素能力のレベルが上がっていたことになる。「初動負荷ト

レーニング」が有酸素能力の改善への有用性が認められたことになると考えられる（1999年3月3日付『デイリースポーツ』紙、特集記事「スポーツおもしろ科学」）

※6 荒木氏の前掲書に加えて、『月刊トレーニング・ジャーナル』誌、特集「コオーディネーション・トレーニング」中、荒木氏による講義録「コオーディネーション・トレーニングの実践的課題」（2004年2月号、ブックハウス・エイチディ、21〜28頁）、特集「パフォーマンスを上げろ！」中、講習会録「コオーディネーション・トレーニングの実践〔講義編〕」「コオーディネーション・トレーニング〔実技編〕」（2005年6月号、同、12〜32頁も参照）

※7 これには動きのコツを見抜く力が必要とされ、しかし「自己観察」による観察だけでは自分独自の「動感＝キネステーゼ」に留まっているので、師範やチームメート、いい選手の動きから「運動共感」能力を高め、見抜いていく「他者観察」を養い、言語を媒介させながら運動学習を深めていく必要があると感じる（岸野雄三他編『序説運動学』大修館書店、1968年、金子明友監修／吉田茂他編『教師のための運動学』大修館書店、1996年、クルト・マイネル著／金子明友訳『スポーツ運動学』大修館書店、1981年を参照）

※8 岡田隆著／石井直方監修『体幹トレーニング・メソドロジー　コア本当の鍛え方。』（ベースボール・マガジン社、2011年）

2章

FOOTBALL / PHYSICAL / PLAYMODEL

▼トップ選手の共通点

2章 トップ選手の共通点

トップ選手に共通するのは上半身の姿勢の良さ

トップ選手の特徴として、まずは上半身の姿勢が良いことが挙げられます。

クリスチアーノ・ロナウド選手は代表格で、プレーだけでなく立ち姿がとても美しいです。殿部の上側の筋肉の盛り上がりに併せて骨盤の後ろ側がスッと上がり、きれいな背骨の**S字カーブ**に頭が乗っています（**図1**）。背骨回りの

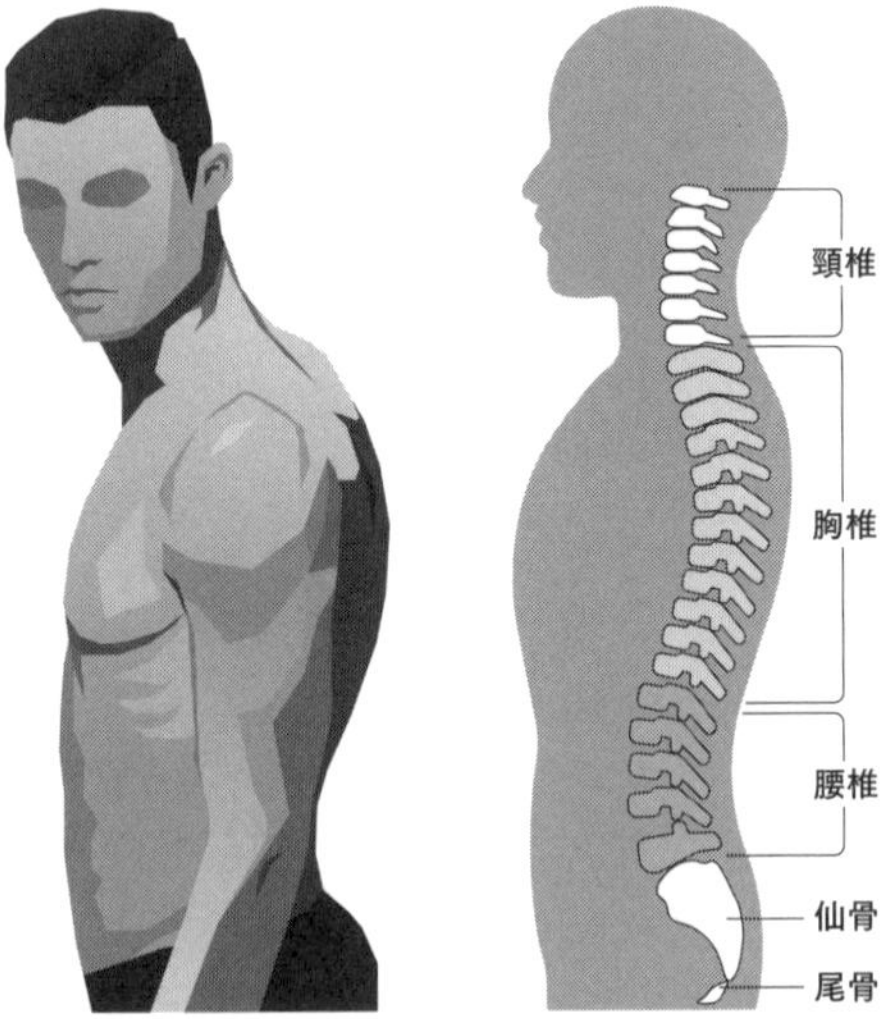

図1　クリスチアーノ・ロナウド選手：背骨のS字カーブ

筋肉が盛り上がり、背中から見るとユニフォーム越しに見てもわかるくらい、メリハリが感じられるようなシルエットになります。鎖骨～胸周りは無駄な力が抜けていて、肩甲骨、肩、肘は力みなく下がっています。

下半身は、中心側が太く末端側が細い、スラッと見えるシルエットになります。太腿の前後にあたる大腿四頭筋やハムストリングスは、付け根側が発達していて、膝に近づくにつれて細くなります。ふくらはぎやすねの筋肉も同様になり、足首がキュッと締まって細く見えます。膝下の動きも柔らかく、曲げ伸ばしだけではなく内↕外の捻りも滑らかです。裸足の状態で足趾を見ると、一番先端の関節（DIP関節）が（爪先が下を向くように）軽く曲がっていて、足趾の力が使いやすい「地面を噛む」ことに適した形になっています。足の裏は、土踏まずの周囲や指腹の筋肉の発達が目立ち、指先まで神経が行き届いているような感じで足趾が自在に動きます。

S字カーブ
頸椎は前弯、胸椎は後弯、腰椎は前弯することで、横から見た際に背骨全体できれいなS字カーブを描く。この生理的な湾曲がある状態だと、背骨全体の可動性と安定性に優れ、緩衝作用にも適しているとされている。

ネイマール選手らは腹～腰回り、下腹部の筋肉が発達

リオネル・メッシ選手、ネイマール選手、キリアン・エムバペ選手に限らず、トッ

プ選手は総じて「シックスパック」と呼ばれる中央部分の腹直筋だけではなく、腹〜腰回り、下腹部の筋肉が発達しています（図2）。腹〜腰回りの外腹斜筋、内腹斜筋と腹横筋は、協働して胴体部分の三次元の動きのコントロールや動的なバランスに作用します。

また、ネイマール選手の裸を時系列で見ると、年々筋肉がつき身体は大きくなっていますが、下腹部に関しては若い頃からボコッと出るように発達しています（図3）。これは、育成年代から、それらの筋肉をうまく使ってプレーをしている証拠にもなると思います。

下腹部の筋肉の深層には姿勢や身体の重さをコントロールする上で特に重要といわれる腹横筋があり、それらの奥には腸腰筋があります。下腹部が発達すると骨盤の恥骨と**鼠径部**が前に引っ張り出され、へその下が前に出ているような姿勢になりますが、この骨盤の位置になると股関節内側の内転筋も機能しやすくなります。腸腰筋と内転筋は、キック動作やスプリントや方向転換で骨盤の回転に併せて後ろ脚をビュンと前に振り出す動きで特に活動しますが、トップレベルのサッカー選手ほど発達しているといわれています。

トップ選手は、背骨や肋骨が柔らかく動きます。アントワーヌ・グリーズマン選

鼠径部

下腹部の腹筋群は鼠径部前面（鼠径靭帯）に付着するが、機能していないと鼠径靭帯の動きが硬くなり、走行が下に凸かつ皮膚にペタッと張りついているようなシルエットになる。その深層にある腸腰筋を表面から圧迫する形になり、結果的に鼠径部の詰まり感の訴えや、股関節の動かしにくさに繋がってくる。臨床では鼠径靭帯の柔軟性の改善は重要になる。

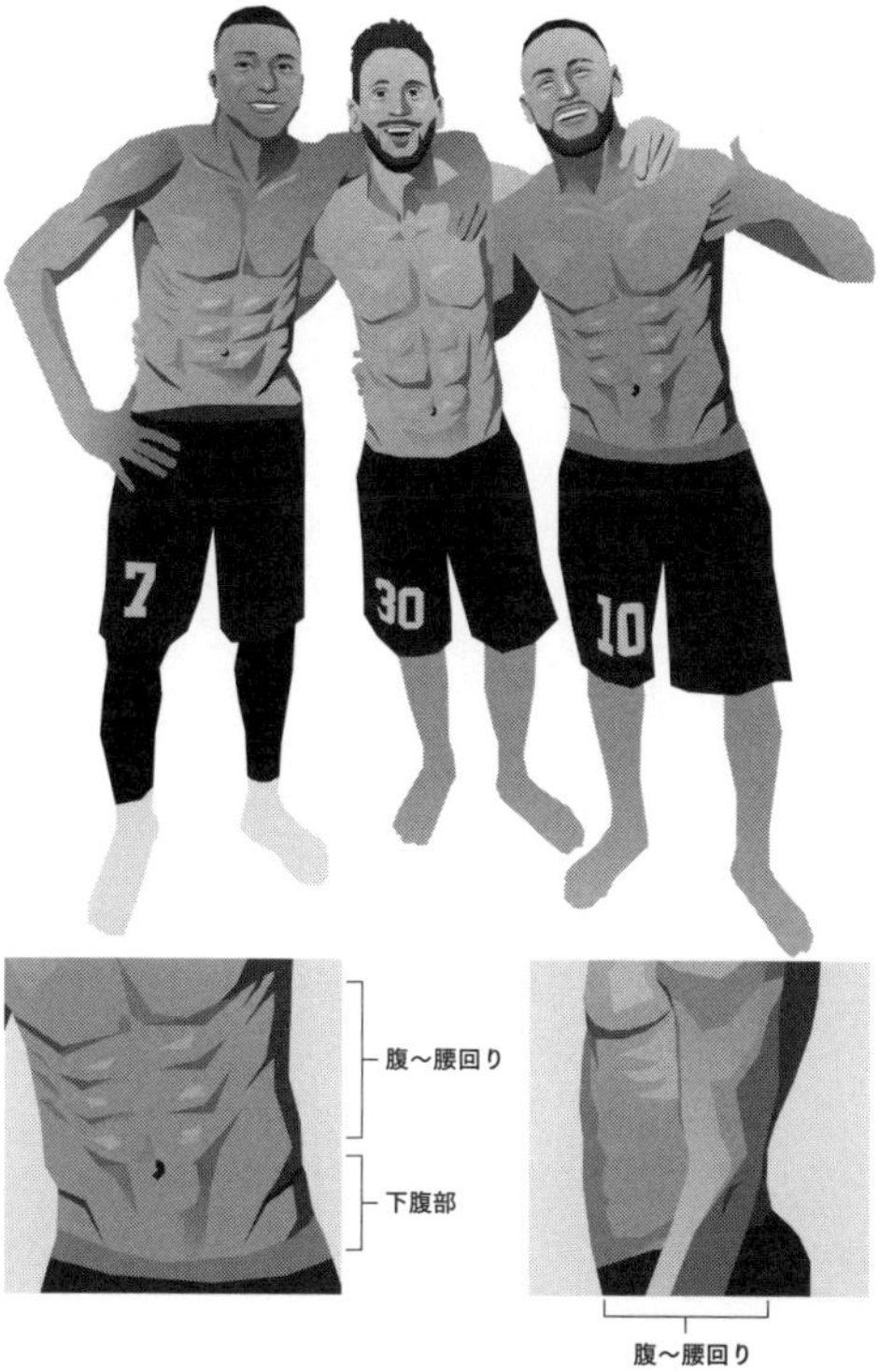

図2　キリアン・エムバペ選手、リオネル・メッシ選手、ネイマール選手：
腹～腰回り、下腹部の発達

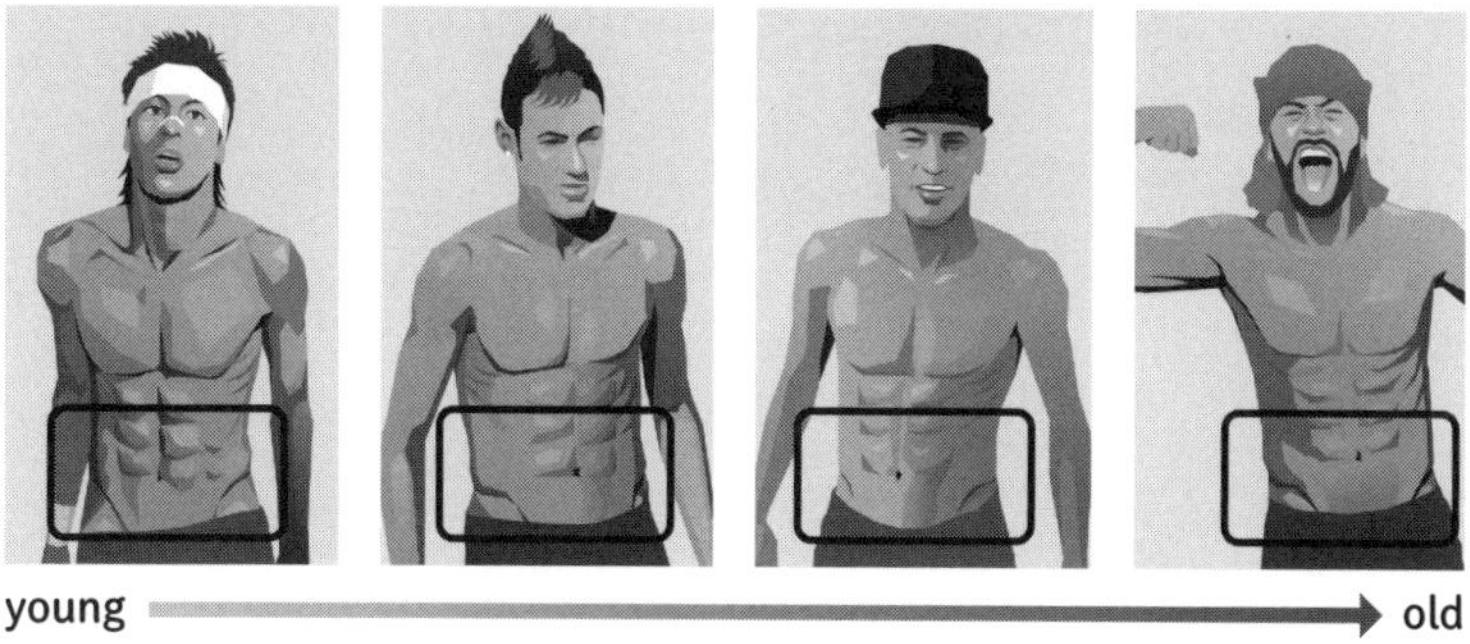

図3　ネイマール選手：下腹部は若い頃から発達

手がキャットアンドドックという背骨を丸める↕反らす、を反復するエクササイズをすると、背中全体できれいなカーブを描きます（図4）。特に、胸椎の下側にあたる部分がしなやかに動きますが、ヘディングで上半身をしならせる場合には、C・ロナウド選手のようなトップ選手はここを中心に反っていく美しいシルエットになります（図5）。メッシ選手が座って靴紐を結ぶ姿を見ると、頭が垂れ下がると同時に背骨全体がきれいに丸みを帯び、特に胸椎の下側がボコッと膨らんでくるのがわかります（図6）。頭の重さを支えるためには、背骨は局所ではなく全体が連動して動くことが重要になります。

メッシ選手は、試合前の整列やウオーミングアップで、頭をブルンブルンと左右に振ったり回したりすることがありますが、その動きもとても滑らかで、首の背骨（頚椎）まで柔らかいのがわかります。胸椎の下側は、背骨のS字カーブを作っていく上で重要な部位になり、下から階段状にグッとせり上がっている形になると、横隔膜や腸腰筋のひとつである大腰筋がピンと張られる形になり機能しやすくなります。

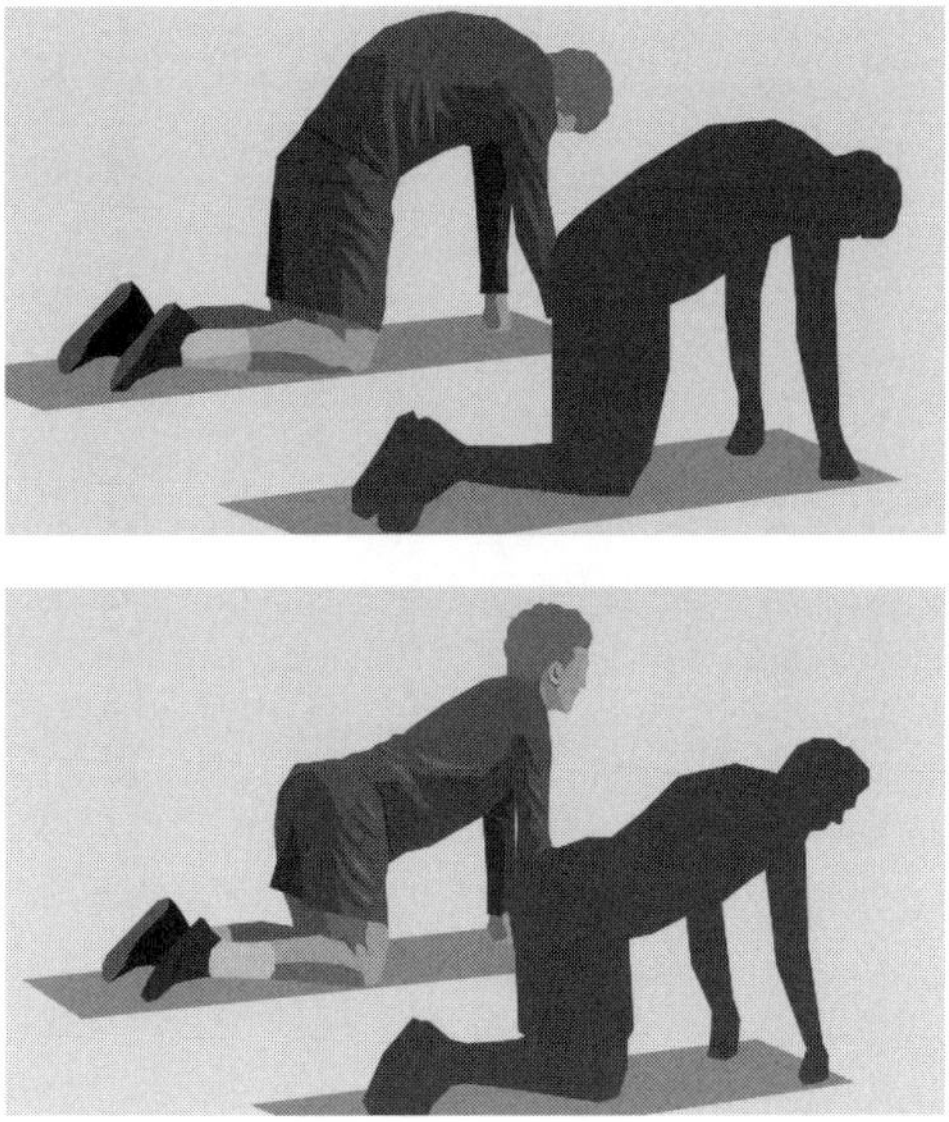

図4　アントワーヌ・グリーズマン選手：胸椎下側のカーブ
キャットアンドドックのエクササイズでは背中にきれいなカーブが描かれる

図5　クリスチアーノ・ロナウド選手：ヘディングの際のしなり

図6　リオネル・メッシ選手：胸椎下側の膨らみ

上半身がスポッと骨盤にはまり込む

サッカーは競技特性上、重心を落とした状態でのプレーも多くなります。トップ選手がボールタッチしながら脚を広げているシーンを見ると、上半身が骨盤にスポッとはまり込み、脚がまるでみぞおちのあたりから伸びているかのような、いわゆる「腰を割った」シルエットになります（図7）。こういうシーンのイラストを見ると、骨盤の一番下側にあたる両側の座骨の間が広く見えるのが特徴です。両側の座骨の間が広くなると、骨盤底筋という体幹部分を下から支える筋肉が機能しやすくなり、お尻の穴をキュッと締めるような力の入れ方が可能になります。また、両方の座骨の間が広がると、骨盤の上側が締まりつつ後ろ側がグッと持ち上がり、いわゆる「ヒップアップ」しているような姿勢になり、ハムストリングスや殿筋群といった股関節を伸展する筋肉や、骨盤を保持する腰回りの筋群も機能しやすくなります。

これらをまとめると、上半身はしっかりとしたS字カーブがあり、「コア・ユニット」と呼ばれる体幹の安定性や強さに関与する筋肉が発達していることになります（図8）。この腹横筋、多裂筋、横隔膜、骨盤底筋で形成されるエリアが縦・横・上下の三次元的に広がった状態の選手は、いわゆる「体幹」は安定しやすくなり、全身が連動した大きな力を生み出せるようになります。腹圧を入れると、このエリ

図7　リオネル・メッシ選手、内田篤人選手：座骨間が広く見える

アに弾力性のあるゴムボールが入っているかのような感じで内側からパンッと膨らんでいるような**シルエット**になります。

トップ選手は、サッカーのプレー全般の質が高くなります。特にヘディングは上半身の「基礎体力」がわかりやすい動きで、トップ選手は総じてそのフォームがきれいです。あまりイメージのないメッシ選手やネイマール選手でも、映像を見ると身体のしなりを使ってドンッと身体の重さを乗せたヘディングができます。2023年3月のキリンカップ・ウルグアイ戦での三笘薫選手のヘディングでの鮮やかなゴールは、記

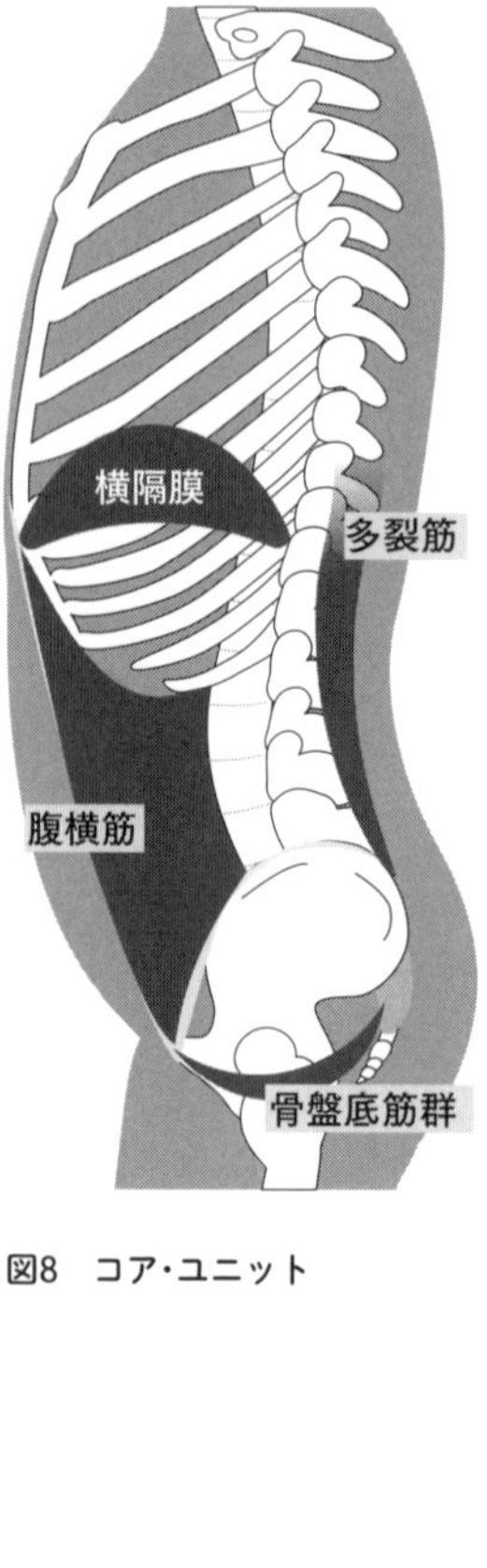

図8　コア・ユニット

シルエット
コア・ユニットが発達・機能していない選手は、腹回りを正面から見た際に、真ん中の腹直筋のみが発達していて、脇腹のちょうど真ん中あたりの両サイドが軽くくびれているようなシルエットになる。

憶に新しいところです（図9）。ヘディングは、上半身を反る↕曲げる（伸展↕屈曲）だけではなく、場合によっては横に倒す（側屈）、捻る（回旋）動きも伴います。上半身の三次元の動きを生み出すために、コア・ユニットを構成している筋肉は、固めるだけではなく、伸縮させながら力が発揮できるような動的柔軟性も必要になります。その「基礎体力」的な土台があると、骨盤や背骨、肋骨が連動したしなやかなヘディングになります。また、ジャンプの踏切で股関節を伸展したあとにバネのように脚がビュンと前に振り出されて、力感なくフワッと跳び上がるような動きになりますが、このような下半身の使い方ができるのもトップ選手の特徴です。

自重をコントロールする上半身の「基礎体力」が高い

フィジカルトレーニングに目を向けると、まずは自重をコントロールする上半身の「基礎体力」が高いことがわかります。腹筋、

図9　三笘薫選手：しなやかなヘディング

背筋、腕立て伏せ、懸垂などを行うと、コア・ユニットがしっかり機能していて腹～腰回り、下腹部のエリアがグシャッと潰れることなく、あらゆるエクササイズを力感なく楽々と反復できます。

C・ロナウド選手はイメージしやすいと思いますが、当時のトップ選手であるメッシ選手、ネイマール選手、アリエン・ロッベン選手、フランク・リベリー選手はもちろん、屈強なイメージのあるセルヒオ・ラモス選手、ジョン・テリー選手、ロベルト・レヴァンドフスキ選手、ズラタン・イブラヒモヴィッチ選手も、身体の重さを完璧にコントロールしていました。また、ルカ・モドリッチ選手やアンドレス・イニエスタ選手といったやや華奢なイメージがある選手や、当時まだ若手だったハリー・ケイン選手、ケヴィン・デ・ブライネ選手も、負荷の高い自重系エクササイズを質の高い動きで反復していました。

腹筋系エクササイズに関しては、どんなメニューでも腹～腰回り、下腹部のゾーンが潰れることなく、背骨回りに無駄な力が入らずに実施していました。股関節やみぞおちで身体を折り畳む動きや、鉄棒にぶら下がりながら両脚をコントロールするような負荷の高いエクササイズも実施可能で、伝説的名手のペレ選手やディエゴ・マラドーナ選手がすさまじい動きをしている動画もありました。懸垂は、ボト

【須佐MEMO】

「しなり」の効いたヘディング動作と「しなり返し」のヘディング動作の獲得・改善（「監修者はじめに」参照）の問題は、ヘディング動作の「運動経過」に焦点化したインターナルフォーカスだけでは解決しづらい。着地点という外的目標に焦点化、もしくはそのような感覚に身を委ねさせ、身体の使い方を感覚的に変えてボールを弾けるようにする。より高いレベルで技術発揮するには「基礎体力」の向上が必要不可欠になると考えられる。肩甲骨や股関節の柔軟性も重要だが、上体の波動を妨げないためにも横隔膜の柔軟性、あるいは機能化が重要で、力感のないジャンプからヘディング動作の「しなり」のしなやかさを生む。

ムで肩甲骨と肩・肘がしっかり下がり切る形になり、両脚を90度に曲げた状態やプレートをつけた状態でも力感なく反復します。背筋系は腰回りのゾーンが潰れずに、胸椎下側から反らせる形になり、腕は肩甲骨から動く形で参加します。腕立て伏せは、背骨回りに力みがない状態で、肩が力んで上がることなく腕の屈伸を反復します（これらはSNS上で見ることができると思いますので、ぜひご覧ください！）。

トップ・オブ・トップと呼ばれている彼らと他のトップ選手とでは、動作の質感に明らかな差があり、カテゴリーと相関している印象がありました。大学生に同様の自重トレーニングをさせても、同じような質感で実施できる選手はほとんどいませんでした。

コア・ユニットが機能し、骨盤と下半身が連動する

下半身のエクササイズでは、スクワット系の動作をすると、上半身の重さが骨盤にスポッとはまり込んでいくような形で股関節が滑らかに動き、殿部や太腿の筋肉は付け根側がしっかり収縮します。浮いた脚の重さをコントロールする動きの質も

高く、立位で脚を下ろしていく動作では、爪先を上げた状態を保ちながら、膝の伸びと連動して踵に重さを乗せてグッと押すような動きになります。また、重錘を持ちながらでも踵を上げた状態を保持できる筋力があり、連続でジャンプするような動きでは、自重を跳ね返す足首のバネの強さが目立っています。また、足部全体に可動性があり、多方向への動きに適応するように地面にスムーズに接地し、離地時には拇趾球に乗せて地面を押して加速します。チューブで負荷をかけるエクササイズをすると、まるでチューブがついていないかのような感じで股関節が滑らかに動き、力感のない動きになります。あらゆる動作で、コア・ユニットがしっかり機能し、骨盤と下半身の連動があります。

また、伸脚をすると、下半身が踏ん張ることなく股関節が滑らかに動くことも共通点です。また、日本人選手は四股のような股関節を曲げながら外に開く（外転、外旋）する方向の可動域が広いという特徴がありますが、これらの動きで「腰を割る」「腰を入れる」ことがしっかりでき、力感なく重心を落として上半身の重さで下半身のバネをもらえるような動きになる選手が、トップレベルに上がっている印象です（図10）。

ストレッチ系のエクササイズは、トップ選手は開脚をすると武藤嘉紀選手のようにベタッと柔らかくて可動域が広いのだろうと想定していましたが、実際にはそのような選手は多くなく、当初は「あれっ？　想像と違う」と思いました。

トップ選手の共通点は、グイグイと可動域を広げるのではなく、リラックスした状態で身体の重さを使って筋肉や腱に刺激を入れることでバネが生まれ、動的にほぐしているような動きになることでした。

また、長座や前屈のような股関節支点で身体を折り畳むような動きも滑らかで、上半身の重さをうまく使った動きになります。ブラジル体操のようなダイナミックストレッチは、肩甲骨、肋骨、背骨、骨盤が動くことで、腕と脚が連動したしなやかな動きになっています。また、地面と接する部位である**足の裏**を、セラピストが丁寧にストレッチやマッサージ、皮膚のケアをしているのも印象的でした。トップ選手は皮膚が肥厚している部分がないかのようなきれいな足の裏をしており、ゴルフボール

図10　内田篤人選手、吉田麻也選手：伸脚と四股

やマッサージ機、青竹踏みなどでの足裏〜足趾の筋肉のセルフケアをしている選手は多く見られます。

直線的かつ曲線的にもスプリントの質が高い

フィールドでのフィジカルトレーニングでは、トップ選手はサッカーの試合中に要求される数々のスプリントの質がとても高いのが特徴です。直線的な動きの速さはもちろん、曲線的に走るようなスプリントも滑らかにこなしていました。7〜8割のスピードのスプリントも流れるように力感なくこなし、また、ジョギングでも姿勢が崩れることなく、身体の重さをしっかり乗せながらバネの強さを調節している感じがあります。また、180度のターンや90度のクランク走のような5〜10メートルの短い距離の課題でもしっかりスピードが上がり、減速〜止まる局面ではスッと沈み込む動きがあり、方向転換と再加速がスムーズでした。色や音、光刺激に対する**リアクションありの課題**でも、動きはスムーズで速く、ポールやコーンなどの対象物を目印にしたスラローム走でも、ピッチとストライドを変えながらパパパパッと

足の裏
足部〜足趾の機能だけではなく、地面と接する部分になる足底からの感覚入力は荷重位の動作では重要で、高度なパフォーマンスに繋がってくる。

リアクションありの課題
18頁で状況判断下でのリアクションの有無で動作が異なってくることについて説明したが、トレーニングを見る限りトップ選手は基本的にはその両方とも速く、スムーズな動きになる。

歩幅を調整してスプリントする技術も高いものでした。ポールを交わしていく際には、肩甲骨から腕をうまく使って、上半身を畳むような動きをしています。ラダーやマーカーを使ったステップ系のエクササイズも、上半身の姿勢を保ちながら非常にスムーズにこなし、素早い両脚の入れ替えを行なっていました。

内田篤人選手のしなやかな動きに目を奪われた

同時期に活躍していた日本人選手の中で、プレー中のしなやかな動きに目を奪われた選手がいました。当時、ドイツ・ブンデスリーガのシャルケでプレーしていた内田篤人選手（現：JFAロールモデルコー

図11　内田篤人選手：1対1の守備における構えの良さ

チ）です。最高峰の舞台で、C・ロナウド選手やネイマール選手、ウェイン・ルーニー選手、リベリー選手、ロッベン選手といったトップ選手と対等に対峙している姿を思い浮かべる方も多いと思います。

まず何より、1対1の守備での姿勢が素晴らしいことでした（図11）。頭と骨盤に挟まれた背骨が長軸方向にピーンと引き離されているかのような伸びやかさのある姿勢で、かつ肩が力みなく下がっていて、その上半身の重さを座骨に乗せてスッと沈み込むような動きから、下半身は踏ん張っている感じがほとんどない構えを作っていました。一般的にパワーポジションと呼ばれている、動きやすく力を発揮しやすい、重心を落とした構えの作り方が秀逸でした。1対1では、その構えからスッと沈み込んで反転と同時にギュンと加速し、減速〜止まる動きでも同様にグッと沈み込みながら身体の前側でタタタタッとスムーズに脚をさばいて、ネイマール選手の突破にシンクロするように対応していました（図12、図13）。

また、ポンポンポンッと弾むようなスプリントでロッベン選手のスピードにも引けを取らず、リベリー選手のような屈強な選手へのコンタクトにもうまく対応し、時には四股を踏んだような腰を割った姿勢のまま重心を落としながらグイグイ寄せにいくシーンもありました。また、力感のないフォームから放たれる正確なロング

図12　内田篤人選手対ネイマール選手

フィードや、スローインでは上半身をしならせながら長いボールを投げることも可能で、サッカーのあらゆる動作の質が高いのが印象的でした。

所属していたシャルケでのフィジカルトレーニングを見ると、他のトップ選手と同様に内田選手も上半身の「基礎体力」が高く、自重系のエクササイズやウエートトレーニングでも肩が力んで上がらない動きになります。下半身は、四股や伸脚、スクワット系のエクササイズをすると、上半身の重さが骨盤に完璧に乗っていて、股関節がフリーで脚を長く使っているかのように感じさせる動きをするのが印象的でした。もちろん、ラダーなどのステップ動作や高強度の方向転換もスムーズでした。

まとめると、トップ選手の共通点は、上半身はしなやかさのある良い姿勢をしていて、コア・ユニットが発達し、自重系トレーニングの質が高く、下半身は骨盤の動きと連動していて力みや踏ん張る感じがなく、スプリントや方向転換、ステップは速くてスムーズで多彩、ということがわかりました。

図13　内田篤人選手対ネイマール選手：止まる際の沈む動き

3章

FOOTBALL / PHYSICAL / PLAYMODEL

▼「サッカーフィジカルのプレーモデル」と「型」

3章 「サッカーフィジカルのプレーモデル」と「型」

伝統的武芸などもヒントに身体作りの「型」を模索

トップ選手は、フォームを過剰に「意識」している感じが少なく、どんなエクササイズにも適応して、自然で美しい動きを反復している印象がありました。「基礎体力」的な土台がしっかりしていれば、ウエートトレーニングを含めたさまざまなトレーニングの効果が上がりやすいはずで、何よりサッカー自体が最高のフィジカルトレーニングになるだろうな、とも感じました。

大学生と接する中で、エクササイズやプレーの理想的なフォームや動きはこう！と定義し、細かく指導されていると、確かに良い動きをしている場合も多いのですが、そこに成功体験が重なっている選手ほど、新しい課題に対する反応がよくありません。現状の把握よりどうしても過去の取り組みや感覚にこだわってしまい、伸びしろがありそうでも、そこからもう一段階レベルアップするために必要となる技術や「基礎体力」がなかなか身についていかない印象がありました。うまくなりたいという本人の意思に反して、無意識レベルで強固な固定観念と動作パターンが定着してしまっているような感じを受けていました。

これらはリハビリテーションでも同様で、ケガの再発予防の観点はもちろん重要になりますが、再発しないために理想的とされる動作を提示し、復帰までに（再）獲得させることにこだわりすぎたプログラムを実施すると、かえって選手の持っている良い運動感覚を崩してしまうリスクがあると感じていました。

同時期に、岡田武史氏が「**岡田メソッド**」と称し、16歳までにサッカーに必要なことを落とし込み、そこから自由にする、という自立した選手を育成するためのプレーモデルを作っていることを知り、同様のことを身体作りでもできないかと考えるようになりました。プレーモデルは日本でいうところの「型」にあたるため、一般的なトレーニング理論だけではなく、伝統的武芸からも着眼点やヒントを得るようになりました。

「岡田メソッド」

日本人が世界で勝つための「①サッカースタイル」を実現するための原則集。「②プレーモデル」に基づいて有効にプレーするための「③テクニックとプレーパターン」があり、それを習得するための「④年代別トレーニングエクササイズ集」がある。さらに、それらを効果的にするための「⑤ゲーム分析とトレーニング計画」「⑥コーチング」「⑦ヒューマンループログラム」「⑧フィジカル」「⑨コンディショニング」「⑩チームマネジメント」がある。私は、④⑧⑨の構築をイメージしながら、身体作りの方法論を模索している。

優れた選手ほど同じ動きの反復の中に違いを見つける

欧米発信の運動学習理論の書籍には、東洋の伝統的武道の「型」の反復はステレオタイプを生み出す、という記載がよく見られますが、そこには少々違和感を覚えていました。時代を経て、長く継承されているものには、先人の方々の膨大な知恵が詰め込まれているはずです。

また、サッカーのトップ選手の自重系エクササイズと同様に、名人や達人と呼ばれる方の「型」は見た目にもとても美しく、また身体の動きや技の威力を見れば、門外漢の私でも「型」に深遠な術理が組み込まれていることは容易に想像できました。

サッカーでは、優れた選手ほど同じ動きの反復の中に細かな違いを見つける能力が高いという印象がありました。「ディファレンシャル・ラーニング」と呼ばれる、異なる課題を提示し、それらの差異や共通点を見つけることで動作を獲得・定着させていく、という運動学習理論がありますが、その解像度がとても細やかで、同じ課題の反復にも当てはまるようなイメージです。

第三者からすればただ反復しているように見えても、本人の中では常に新鮮な発見や驚きがあり、深さを知り、飽きることなく楽しみながら実施している選手が、プロでもトップレベルに上がっていく印象がありました。指導する立場からすれば、同じことを地道に反復してくれる選手は頼もしく感じられるはずで、またどんなに素晴らしいとされるトレーニングを提供しても、選手が継続・反復してくれなければあまり意味をなさなくなります。

武道の「型」の中にある「鍛錬」という考え方

さらに興味深いことを知りました。

武道の「型」の中には、あえて動きづらいような制限をかけることで、それまで使われていなかった身体のさまざまな部位が目覚めていき、身体全体の連動性が高まることで、結果的にさまざまな技の威力が増す「鍛錬」という考え方も含まれていることを知りました。武道で「鍛錬」する部位は、現在でいえば下腹部を中心としたコア・ユニットの考え方に近いのだろうな、という感覚もありました。

武道的な「鍛錬」と似たような考え方で、動作練習ではなく「基礎体力」を徹底して鍛えることで、しなやかな動きの土台を作り、並行して運動学習の要素を含むことでサッカーの技術習得に必要な動きのコツを掴んでもらい、あとは選手自身のサッカーの実践や専門コーチの指導で動作を洗練させていくようなメソッドがよい、と考えていました。

コア・ユニットの筋群が発達しているか否か

選手の持っている能力を最大限に引き出すこととキャリアを長持ちさせることは、多くの指導者の方が並行して考えられていると思います。

活動を重ね、トップからボトムカテゴリーまで縦断的に、また、選手個々のキャリアを横断的に観察していく中で、上半身の動きの柔らかさやその土台となるコア・ユニットの筋群の発達は非常に重要になると考えていました。

コア・ユニットが発達していない選手に多く見られる、肩・肘が力んで上がる、腰を反って固める、（股関節の前側にあたる）鼠径部を閉じるように力んで締める（図

癖
これらの癖のある選手が立位姿勢をとると、「Sway Back」と呼ばれる、骨盤が重心線より前方に偏位し、背骨全体が後ろに丸まりながらバランスをとる形で頭が前に突き出る、といった背骨のS字カーブの崩れた不良姿勢になりやすくなる。ちょうど「反り腰」と「猫背」を組み合わせたような姿勢になる。

14）、といった動きの癖がついてしまうと、しなやかさが失われ、パフォーマンスが停滞してしまう印象がありました。また、この状態で高負荷の下半身のトレーニングをすると、股関節の動きが制限されてしまっているため、骨盤・上半身と連動せずに下半身の筋力だけで脚を動かすような力感の強い動作パターンも定着してしまいます。さらには、地面と接地し自重を支える足首回りの安定性や足趾で「地面を掴む」ような動きの質が低いと、これらの傾向は助長されていきやすい印象がありました。

肩・肘が力んで上がる、腰を反って固める、鼠径部を締める、といった**癖**は、一度ついてしまうと改善するのが大変になります。こういった癖を出さずに、トップ選手のように、コア・ユニットが機能することで背骨や肋骨が自在に動き、肩甲骨と肩・肘が力みなく下がって股関節がフリーになる、という

図14 肩・肘が力んで上がる、腰を反って固める、鼠径部を締める

動きに誘導できるかが身体作りのカギになるだろうと考えていました。

以上から、上半身の姿勢作りに必要なコア・ユニットを徹底して鍛え、下半身と連動させていくことが、サッカー選手の「基礎体力」作りで重要なことではないか？　と考えました。

まずはケガの術後で長期離脱をしている選手の身体作りの一貫として、自重系のトレーニングを中心としたプログラムを実施してみました。結果、もともとの「基礎体力」の高い選手には一定の効果は得られるものの、どうしてもコア・ユニットが機能せず、腕や脚と連動しない動きが出現する選手も一定数いて、落とし込む方法に難渋していました。

自重をコントロールできない「重さ負け」

そんな中、内田篤人選手をはじめとしたトップ選手を見ていて、気づいたことがあります。

図15　内田篤人選手：腕振り
スプリントでは肩甲骨からスムーズな腕振りができている

スプリントをしている動画や写真を見たときに、肩の力が抜けていて、腕の重さがぶらーんとぶら下がっている状態で肩甲骨からスムーズな腕振りが行われていました（図15）。

その状態で腕や脚を振ることで、胴体部分にあたる背骨や肋骨の動きと連動しながら肩甲骨と腕の重さが移動し、屈曲↕伸展の切り返しのタイミングでバネ感が生まれ、力感がないながらも大きな力を発揮している動きになっていました。同様の視点で下半身に目を向けると、同じように浮いた脚の重さがぶら下がった状態で骨盤と連動して動いていました。

対照的に、「基礎体力」が低い選手の動きは、腕や脚の重さを吊り上げて、振り回

図16 「重さ負け」

しているような動きになります。肩甲骨や肩・肘が上がり、鼠径部を締める動きが出てしまいます。前者は「肩が力んで上がる」状態に、後者は「腰が引けた」状態にあたります。私は、このような自重をコントロールできていない状態を「重さ負け」と呼んでいます（図16）。

胴体部分に目を向けると、内田選手はコア・ユニットにあたる腹〜腰回りのゾーンが安定し、その上下にあたる骨盤〜肋骨、それらを繋ぐ背骨に動きがあるため全身が連動します。しかし、「基礎体力」が低く「重さ負け」している選手は、胸〜腹まで一体化して動かないため、胴体全体が固まって腕や脚だけ振っているような動きになります。前者は腹回りに柔らかいコルセット、後者は胴体全体に硬いコルセットを巻いているようなシルエットになってしまいます（図17）。

「重さ負け」すると力感が強く、非効率に

少し専門的な話になりますが、肩関節や股関節といった球状の関節では「**求心位**」と呼ばれるポジションがあります。受け皿に対して球が中心に近い適合性の高

求心位
臨床的には、求心位はいわゆる関節回りのインナーマッスルが機能しやすい状態であるとされている。

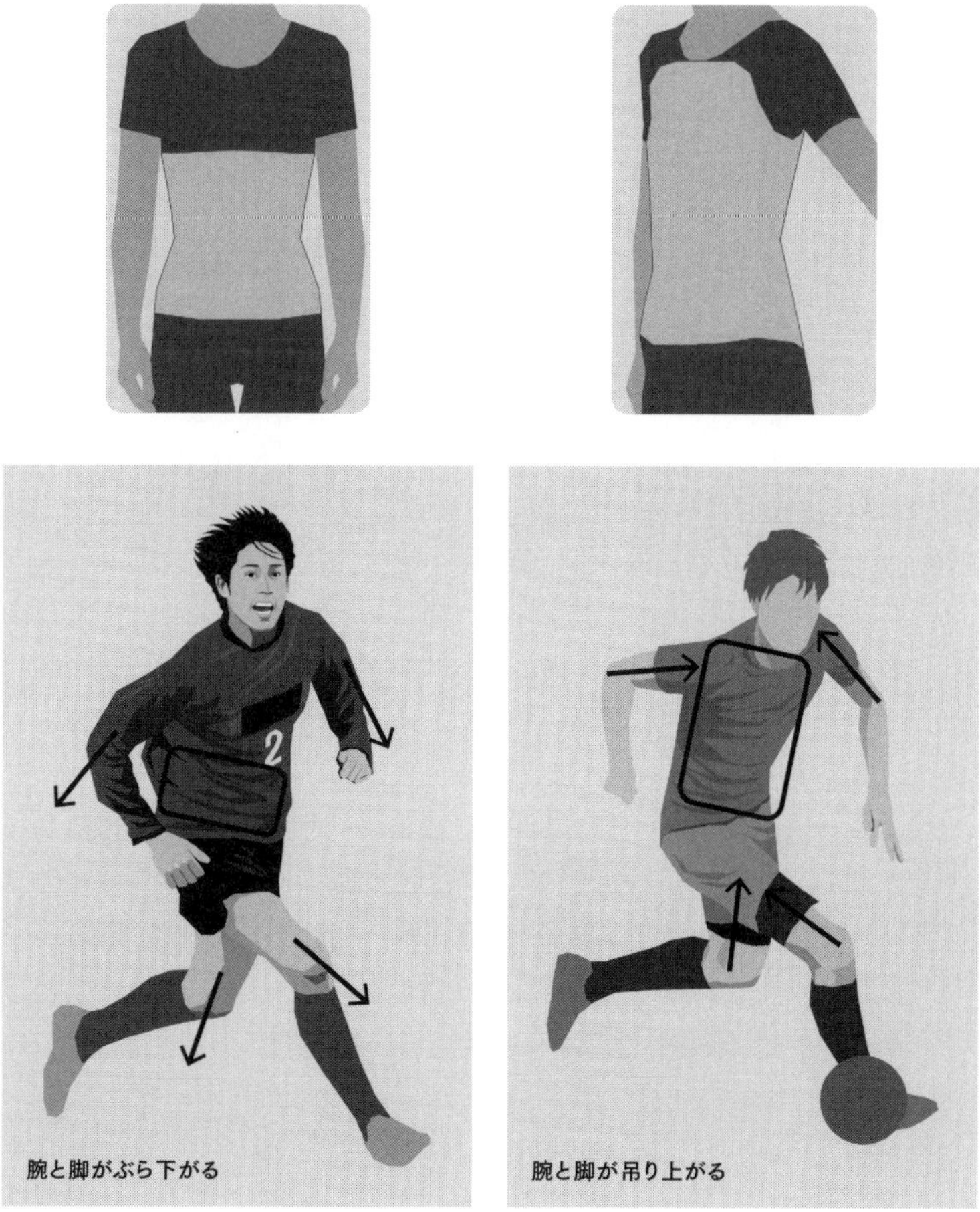

図17 「重さ負け」：腕と脚がぶら下がる↔腕と脚が吊り上がる

いポジションにあると、関節が動きやすい噛み合わせになり、滑らかにクルクルと回転する通り道が生まれます。そうなると、抵抗が少ない中で活動すべき筋肉が正常に力を発揮でき、腕や脚の重さがスムーズに移動するようになります。

内田選手は「基礎体力」が高く、動作中に求心位を保てるので、コア・ユニットと連動した滑らかで力感がないような動きに見えるのです。これらは、荷重時の動作でも同様で、内田選手の伸脚や吉田麻也選手（現：ロサンゼルス・ギャラクシー）の四股は、膝が股関節から一番遠回りに動いているような感じで脚が長く見える形になります（**63頁の図10**）。

「肩が力んで上がる」や「腰が引けた」状態は、関節の噛み合わせが上と前側に**ズレ**てしまうことに繋がり、関節が滑らかに動かずに腕や脚が吊り上がる形になるため、身体の重さを強いバネに変換することができなくなります。荷重時の動きも同様で、「重さ負け」すると、接地している脚（腕）がグシャッと潰れる形で安定せず、力感が強く、非効率的でパワー発揮ができない動作パターンになりやすくなってしまいます。

ズレ
臨床では、肩関節（いわゆる五十肩など）や股関節に痛みを訴える患者も、同様の噛み合わせのズレが起きている場合が多くなる。

「肘が下」「肘が下の通り道」「膝が下」「膝が下の通り道」

可動域が大きく、腕や脚を胴体に繋ぐ役割のある肩関節や股関節の動きはもちろん重要ですが、そこを意識して動かそうとすると、むしろ無駄な力みが入ってしまい、コア・ユニットと連動するような動きになりにくい印象がありました。

そこで、「鍛錬」の、あえて動きにくいような制限をかける、という考え方を応用し、「肩が力んで上がる」と反対の「肩甲骨と腕の重さを下げる」動きをコア・ユニットと連動させながら徹底してエクササイズを実施します。そうすることで広背筋や前鋸筋、僧帽筋といった肩甲骨や腕を下げて、骨盤や胴体、頭と繋ぐ**大きな筋肉**にも刺激が入り、「基礎体力」が高い姿勢が作られていくのではないか、と考えました。また、骨盤と股関節にも同様の考えを当てはめてみました。

コア・ユニットの効いた状態で、

❶ 肘と肩甲骨とみぞおちの後ろ（胸椎下側）を繋ぐ感覚で肘に重さを乗せる動きを「肘が下」

大きな筋肉
骨盤〜背骨・肩甲骨と腕を繋ぐ「広背筋」、背骨〜肩甲骨・頭を繋ぐ「僧帽筋」、肩甲骨と肋骨を繋ぐ「前鋸筋」は、上半身の姿勢保持だけではなく、パワーを発揮する際も重要な筋肉となる。

❷肘が肩から一番遠い位置で振り子状に動くことを「肘が下の通り道」
❸膝と座骨とみぞおちの後ろ側を繋いで膝に重さを乗せる動きを「膝が下」
❹膝が股関節から一番遠い位置で振り子状に動くことを「膝が下の通り道」

と定義しました。

追加して、「肘を伸ばしていく動作では目線に合わせて指先でリーチングするように」「膝を伸ばしていく動作では踵に重さを乗せて押すように」と、選手に説明してみました。そうすると、あらゆるトレーニングで求心位が取りやすくなることで、腕や脚の重さがバネに変わる動きになり、コア・ユニットと腕や脚が繋がり、全身の連動する動きが出現しやすくなりました。

「基礎体力」のトレーニングについて、①全身が連動する姿勢で→②身体の重さを移動させることで→③バネが生まれ→④筋力が動作に必要な最低限でタイミングよく使われる、という「優先順位」と、コア・ユニットと脚や腕が連動する動きが自然と出るような「原理原則」を提示し、それらをすべてのエクササイズに当てはめて実施します。必要に応じて、ストレッチ系エクササイズや徒手療法で動きやすい状態を作った上で、自重（+α）での腹筋系、背筋系、腕立て伏せ、懸垂、プランクなどを組み合わせて、上半身の姿勢を作ったあとに、その上半身の重さをしっかり落として「腰を割る」「腰を入れる」状態を作りながら四股や開脚、スクワット系の下半身のエクササイズをして、コア・ユニットを「鍛錬」していく、というメソッドとして巻末の「エクササイズ集」にまとめました。

「基礎体力」が上がると明らかに腹〜腰回り、下腹部が発達する

自重をコントロールする「基礎体力」が上がってくると、外観上ではっきりわかるくらい**腹〜腰回り、下腹部**が発達していきます。コア・ユニットが機能すればするほど、上半身の無駄な力みが抜けて姿勢が良くなっていきます。また、鼠径部を締める動きが少なくなり、身体の重さを下腹部の筋肉でコントロールできるようになっていきます。荷重位での動作では、上半身の重さが骨盤にしっかり乗るようになり、下半身のエクササイズでは、殿部や太腿の付け根側といった重要な筋肉に刺激が入りやすくなっていきます。スプリントや方向転換のタイムの向上、GPS上の走行距離や高強度ランニングなどのデータにも変化が見られるようになっていき

腹〜腰回り、下腹部
私見だが、座骨に上半身の重さが乗るようになると殿部や大腿の筋群の付け根側が、また足趾が機能すると下腿の膝寄りの部分の筋肉がそれぞれ収縮しやすくなるため、それらの部位が発達してくる。「基礎体力」の高い選手ほど、下半身は中枢側が太く末端が細いシルエットになってくる印象がある。

ます。また、「左足のキックにさらに磨きがかかる」など、その選手の色が出る形でオン・ザ・ボールのプレー全般にも向上が見られるようになっていきます。さらには、スプリントを速くしたいという希望でトレーニングをしていた選手が、「走りながらのクロスが上げられるようになる」といった形で、ウイークポイントが自然と改善するケースも出てきます。「基礎体力」が上がったことでヘディングを自主的に練習するようになり「苦手だったヘディングの競り合いに積極的にいくようになる」といった形で、アスリートにとって重要な有能感の向上にも繋がる場面も出てきました。

「基礎体力」が上がってくると、姿勢が良くなることで、参加する身体の部位と重さが増えていくことになります。エクササイズを傍から見ると力感の少ない動きになっていきますが、選手にとっては滑らかに動く身体の重さをコントロールしていることになり、コア・ユニットを中心に効くべきところに効いて負荷がキツくなる！　ということが繰り返されていきます。動きの質が上がるほど、力を入れるべきところと抜くべきところの学習という感覚になり、必要な筋肉がついてくることで体格も大きくなり、「基礎体力」の高い姿勢が作り上げられていきます。

基本的には新しいエクササイズを頻繁に出す必要がなく、同じエクササイズをしても選手間で課題は異なってくるため、個別的対応を迫られる必要性もそこまで高くありません。特定の動作練習を反復することなく「基礎体力」の向上に並行してサッカーのプレーの質が上がっているので、追求していくとまさに武道の「鍛錬」になるような仕組みになっていきます。

選手のフィジカルリテラシーの向上と自立をサポート

エクササイズの見本として、トップ選手のトレーニング動画を大量にストックしておき、必要に応じて選手と共有することも行います。選手のモチベーションの向上はもちろん、選手とトレーナーの目を揃えていくことで、トップ選手との違いや、動画や写真の解釈の仕方、現状の把握、主観と客観、意識と感覚のズレなどにも気づきやすくなっていきます。

また、トレーニングを重ねていくと、新しいエクササイズを提示されても、選手はメソッドの優先順位や原理原則を当てはめると、○○筋に効いているという局所への負荷を頼りにするのではなく、全身が連動した良い動きが出ると効くべき筋肉に効いてくる、ということに気づいていきます。

　また、次のカテゴリーに進み、別のトレーナーやコーチに替わっても、提示されるエクササイズに柔軟に対応するようになるため、選手の引き継ぎがスムーズになることも期待できます。さらに、ウエートトレーニングでも同様に当てはめられることに気づき、かつ「基礎体力」が上がっているので、適切なフォームで実施しやすくもなっています。このようにして、選手のフィジカルリテラシーの向上と自立のサポートを考えています。

　現在のパラダイムを考えると、ウエートトレーニングは、今後、ますます重要視されると思いますが、自重系エクササイズを中心とした「鍛錬」をそのまま追求してもサッカーのパフォーマンスは向上していくのではないかと私は考察しており、そういった選手が出てきたら面白いと思っています。姿勢が良く、局面に応じてスッスッと力感なく重心移動をしている選手のほうが、身体が大きくなってもパフォーマンスが全般的に向上し、またキャリアも長持ちしている印象があります。

　推測の域を出ませんが、著書や各種メディアの報道を見る限り、ロサンゼルス・ドジャースの山本由伸投手は、ウエートトレーニングが主流の中、自重のコントロールを追求することでパフォーマンスを上げているような印象があります。また、武道は年齢を重ねても技の威力が強くなっていくといわれていますが、沖縄拳法空手の山城美智氏は著書『泊手 突き本』（チャンプ、2018年）で、空手の打撃は単純な筋力ではなく脱力をベースとした姿勢と重心移動、遠心力を使って威力を出していると説明しています。

COLUMN

須佐の眼

唐手から「型」を考える

一流の「型」稽古とは？

著者が「型」と表現している内容に関しては、いわゆる「型にはめる」「鋳型化」という形だけ真似る・なぞる、あるフォームへと押し込めていくような意味で使っていないことはおわかりいただけると思います。本文中にも取り上げられていますが、武道の名人・達人、一流アスリートたちの「型」稽古、素振り、トスバッティングなどは、指導者から押しつけられたり、与えられたものを表面的にこなすだけのステレオタイプを生む練習とは異なります。自分の中でさまざまな状況変化を想定しており、単調な世界とは無縁で、刻々変化していく状況に自律的・能動的に対応していくことで、「洗練化」「最高洗練化」の段階に向かうと思われます。

■イチロー選手の「型」

以前、イチロー選手のトスバッティング（500球ほど）に偶然遭遇したことがありました。そこには誰も入り込めないバリアがあり、ピーンと張りつめた緊張感のある聖域でした。トレーナーのトスを上げる工夫（少しずつズラしているとのこと）、それに向かうイチロー選手の力感のない、しかしシャープなスイングと打球音――私に言う資格がないかもしれませんが、一つひとつにバッティングの「粋」を見たような気がしました。おそらく、9時30分から「初動負荷フレックストレーニング」が始まり、陸上競技場でのトレーニング、キャッチボールやステップワークの練習（途中昼食休憩をとったと思いますが）、トスバッティングが終了したのが23時前だったような……まさに無邪気に遊んでいる子どものようでもあり、高みを極めていく武芸者のようでもありました。

唐手の「型」稽古と鍛錬されるもの

「型」に話を戻すと、著者の言う「型」はプレーレベルを上げていくために必要不可欠な「基礎体力」のトレーニングの原理＝根本的動作の捉え方と、そのトレーニング体系を含む「トレーニングメソドロジー」とでもいうべきものです。その「型」稽古には合目的的・経済的遂行でもって、その技の威力を最大発揮させる身体の使い方が内包されていなければならないと考えます。

門外漢の私には語る資格がありませんので、愛読する警察小説・アクション小説の作家であり、空手家・今野敏氏の琉球秘伝の唐手（トゥーディー）について、今野氏の小説から拾って「型」稽古ないし、根本的な身体操作法について考える材料を提供したいと思います。今野敏『義珍の拳』（集英社文庫、2005年）、同『武士猿（ブサーザールー）』（同、2012年）から拾ってみました。

■船越義珍の「型」

本土に唐手を初めて紹介したとされる唐手の創始者・船越（富名腰）義珍は、「唐手の稽古は型に始まり型に終わる。（中略）変手（ヒンディー）は、型の工夫にほかならない。型を正しく理解し、型の中の動きが体に染みつけば、いざというときに自然に体が動くようになる。それが重要なのだ」と捉えていますが、本土の大学生をはじめとした若者たちの唐手が義珍の理想とは違った形に発展しつつあることに愁いをもって、

- 若者たちの型を見ていると、相変わらず勢いと力だけが目立つ。突きや蹴りは、一見力強い。だが、本当の威力は望むべくもない
- 動きが荒っぽい。筋肉の力だけで突いたり蹴ったりしているので、どうにもぎこちなく見える
- 沖縄の先達の滑らかさや安定感がない
- 若者たちは必要以上に足を大きく開き、腰を低く落としている。だが、腰が入っていないの

で、義珍の眼から見ると安定しているようには見えない
・あんなに足を開いて腰を落としてしまっては、腰を入れることはできない。つまり、ガマク（腰椎の脇あたり）が入らない
・ナイファンチ（唐手の型のひとつ）には、身体の鍛錬になると同時に、極めて高度な空手の極意、つまり、ムチミ（餅身）、チンクチ（筋骨）、ガマクのすべてがまんべんなく含まれている
・昔から、手（ティー）＝唐手（トゥーディー）には、鍛錬、筋骨、餅身が大切だといわれていた。それを口にする武士（ブサー）は多いが、本当に筋骨を鍛えている武士は少ない

と言わしめています。

ガマク、ムチミ、チンクチと深層筋の活用

そのガマク、ムチミ、チンクチこそが打突や防御の威力アップのために使う部位、身体操作の仕方、「コツ」なのではないでしょうか。もう少し拾ってみると、

・ガマクを入れる↓次にセーサン（一三手）でガマクを入れることを学ばなければならないとか？

・ムチミを使う↓鞭のように身体を使うことだろうか？　あるいは、餅のように粘るということかも？

・チンクチがかかる↓漢字を当てれば「伸屈」だろうか？

というふうに使い、「これがムチミとチンクチだ。ムチミは鋭い速さを生み、チンクチは小さな動きでも強い力を生む」とか、「いつからか、自分自身の拳にずしりと重みを感じるようになってきた。徐々に変わったという感じではない。ある日、突然変化したのだ」と義珍が感じていると、それを評した安里安恒（義珍の師の一人）は「ようやく唐手の型になった」と言い、「ムチミ、チンクチ、ガマクがようやく身についたということなのだろう」と。拳にずしりと重みを感じるようなあの独特な感覚は、やはり変化を物語っていたのだ、と小説中で使われていることから、打突や防御の威力アップのために身体、特に深層筋の使い方を表せているのではないかと推察されます。

【須佐MEMO】

別の書籍の注釈で、★ムチミとは、身体を震わせ、巻きつき、粘りつくような身体動作のこと。正拳の威力を上げるといわれる、★ガマクとは、腰の意味。やはり腰を入れることで突きの威力が上がる、★チンクチとは、肩を下げ、腰・脚を締めて、一瞬にして身体全体を緊張した状態にすること。チンクチは一寸力とも書き、短距離離で大きな威力を出す、とも述べられている（押井守、今野敏『武道のリアル』エンターブレイン、2011年）。

技の合目的的・経済的な実施

今野氏は義珍に次のように語らせ、技の極意への修練について語っています。

「安里安恒から習ったナイファンチ、セーサン、バッサイをひたすら（義珍は）繰り返す。第一に心がけたのは、習ったどおり正確に型を稽古するということだ。さらに、ガマク、ムチミ、チンクチを充分に意識しなければならない。／だが、そればかりに気を取られてもいけない。理想は体が覚えて、意識しなくても自然とガマクが入り、ムチミを使い、チンクチをかけられるようになることだ。／一人で型を繰り返すうちに、義珍は、力の入れどころと抜きどころが大切なのだということを実感してきた。特に、力の抜きどころは重要だ。過剰に力んでしまい、体をがちがちに固めていては、かえって鉄拳（ティージクン）や蹴りの威力が落ちることを悟った」

というように、極意に近づくにはおそらく深層筋の活用によって合理的技の遂行（合目的的でかつ力みのない、それでいて威力を増す経済的な実施）が成し遂げられることが示されているようです。

実戦を好み、掛け試し（カキダミシー＝野戦）を実践し、負け知らずという本部朝基に親友の唐手

家である屋部憲通が語ったという中に、

「筋骨の話だが（中略）手の世界では筋骨というのは、ただ筋力を鍛えるというのとは、別の意味もある」「（中略）特に首里の手では、独特の力のかけ方をする。骨と筋肉をうまく活用するんだ。だから、筋骨を鍛えるのではなく、『筋骨をかける』という言い方をする」「浦添に川平（かぴら）のタンメー（翁）という名人がいるそうだ。体は小さいが、見事に筋骨をかけるので、恐ろしく拳の威力があるらしい」

と、ありますが、これも打突の威力は体格や筋力に頼るのではなく、身体の本質的な使い方が重要なことを伝えてくれています。

さらに、その本部が習いにいった川平翁との掛け試しのあとの川平翁の言は具体的な打突法を教えてくれます。つまり、

「理屈も何もない。筋骨というのは文字通り筋肉と骨のことだ。人の体はその両方を使って動いている。もっと詳しく言えば、筋肉が骨の関節を動かしている」「筋骨をかけるというのは、その筋肉と骨の関節をうまく使ってやることだ。（中略）いくら鍛えてもこのタンメーのような年になれば衰える。だが、筋骨のうまい使い方を覚えれば、いくつになっても

拳の威力は衰えない」「当てる瞬間に、拳を捻る」「まっすぐに当ててはならない。当てたときに拳を押し下げる。また当てる場所によっては押し上げる。つまり、当てたときにえぐる感じだ。それが筋骨のかかったティージクン（鉄拳）だ」

と。拳を捻る、まさに深層筋の使い方こそが肝要ではないかと示唆しているように思いますが、以下の動作も同様ではないでしょうか？

- 野球のピッチャーの投球において、リリース後に
- テニスのサービスも同様、ショット後に
- ボクシングのストレートパンチを繰り出したあとに

いずれも手の甲が自分のほうに向いています。スポーツパフォーマンス・コーディネーターの手塚一志氏はこれを「スパイラル・キネティック・チェーン」現象と名付けています（手塚一志『ピッチングの正体』ベースボール・マガジン社、1998年、23〜25頁）。

私なりの解釈を加えると、肘から先が捻られていますが、この動作の「終末局面」で行うのではなく、「準備・主要局面」の結果としてそうなるように身体操作することが肝要であると考えられます。肘から先を意識して捻ったり、肩や肘に力感を込めてはならず、例えばテニスのサー

ビス動作では「鞭」を身体の前から遠くへ向けて振るような意識・感覚で、体幹からの末端へのパワーフロー&重心移動の帰結として結果的に肘から先が捻られると考えなければならないように思われます。したがって、「骨盤と肩甲骨のリズム」（詳細は5章「須佐の眼」）を使って（使えて）体幹深部（深層筋）を活用する動作（体幹の捻り動作）の帰結として肘から先が捻られる、と捉えた動作を獲得しなければならないように思われます。

唐手の「型」の真髄＝攻防一体化

さらに、安里いわく唐手の真髄は「受けと攻めが一体となっているのが特徴」で、攻防一体の技が多い、ということだそうです。「型」稽古を重んじる義珍とは違い、実戦を好んだ本部とボクサーの堀口恒男（ピストン堀口）氏との会話も示唆に富んでいます（本部にまったく歯の立たなかった堀口氏は脱帽したといわれています）。

堀口「新しいボクシングというのは攻防一体となったものです。ならば、むしろ日本の武道に学ぶべきものがあるはずだと、自分は考えたのです」

本部「唐手では夫婦手（メオトデー）と言って、左右の手を必ず連動させなければなりません。

守りは守り、攻撃は攻撃というふうに分けるのではなく、守りの手がそのまま攻撃に転じ、攻撃した手がまた、そのまま守りに転じたりします」

実戦を重視するとはいえ、本部も諸々の「型」にも深く精通していたようですが、技の威力を増すためにガマクを入れ、ムチミを使い、チンクチをかけること、すなわち実戦的攻防一体の捌きを「型」稽古に込めているのではないでしょうか？ つまり、形だけの「型」ではないということがわかります。本部は堀口氏に「本当の唐手の打撃」を見せ、

「看板すれすれに右の拳を置き、下腹に呼吸を溜める。少し背を丸めるようにして、腰を据えた。／下腹に溜めた息を一気に吐き出す。その瞬間に体を鞭のようにしならせる。板に当たる瞬間に拳を下に押し下げるような気持ちで打ち抜いた。餅身（ムチミ）を使い、筋骨（チンクチ）をかけたのだ」

と、表しています。一寸の距離からでも板を割ることができるほど威力を増幅できるまで、「型」稽古を通じて打撃が極められたと考えられます。

以上のように「型」ないし、「型」稽古を今野氏の小説からではありましたが、考えてみると面白いと思います（今野様、手前勝手な解釈になっていましたら申し訳ありません！）。

COLUMN

須佐の眼

ステレオタイプ化と鋳型化の問題

「単一刺激に単一反応パターン」＝ステレオタイプ

本文で「ディファレンシャル・ラーニング」という運動学習理論が出てきましたが、状況が刻々と変化するサッカーでは、状況を先取りし、その状況に能動的に対応する必要があります。「ペレは解決に4秒を必要とした。マラドーナは2秒であり、メッシは1秒以下で解決する」と1986年メキシコ・ワールドカップで優勝したアルゼンチン代表FWホルヘ・バルダーノの言を引いて『フットボールヴィセラルトレーニング［導入編］』（カンゼン、2023年）の著者ヘルマン・カスターニョス氏は述べているように、現在のトップレベルでは時間もスペースもない中で選手は、判断する時間的余裕をなくし、プレーの選択を無意識に委ね、感覚的に処理していく能力を身につけなくてはなりません。このような時代に、変化の乏しいドリル訓練、悪い意味で型にはめるような鋳型化した動作習得を強制するような指導は「単一刺激に単一反応パターン」＝

ステレオタイプを生むだけで、避けねばなりません。

2人1組でインステップボレーやインサイドボレーをする基礎練習をよく見かけますが、同じ高さ、同じスピードで、しかも右―左と左右交互に投げられたボールを膝から下を強振するフォームで返しているケースが何と多いことでしょうか！ これはステレオタイプ化した神経回路の硬直化を生むだけで、実戦では使えないものだと感じます。

また、「ラダートレーニング」も同様で、そのトレーニングのフォームばかりに意識がいってしまい、硬い動きを誘発するケースが多いのではないでしょうか？ しかも、素早く動かそうとして「膝から下」という末端に力が入ってしまっている動きが多いように思われます。状況に応じた能動的なステップワークを発生させるのではなく、決まりきった動きを固着化されていると感じるのは私だけでしょうか？

鋳型化の悲劇の例「マック式スプリントドリル」

ステレオタイプ化と並んで問題となるのは鋳型化です。新しい技を習得する、技術的修正をするという場合、モデルになる動き、自分にとっての理想型を持ちながらも、運動課題の解決に向けて自分に見合うやり方を模索します。その際、うまくいっているかどうかの判断基準は合目的的であるか経済的であるかであって、決められた動き・フォームにはめ込むこと、つまり鋳型化は避けなければなりません。表面的に形だけ覚え込んだ動きでは頭打ちになりやすく、応用の利かない動きになってしまい、その後の修正を難しくしてしまいます（吉田茂「第Ⅲ章1・動き方はどのように覚えるのか」、金子明友監修『教師のための運動学』大修館書店、1996年を参照）。

鋳型化の悲劇の例としては、「マック式スプリントドリル」が挙げられます。1970年代以降、ポーランドから招聘されたスプリントコーチ、ゲラルド・マック氏の意図とは裏腹に、

- 腿は高く上げる
- 肘は90度
- 膝、足首を柔らかく使い
- 蹴った脚は素早くお尻に引きつけ
- 腰を入れてキックする

《腿をポーン、ポーンと前に振り出す「引っかく」ような走り方》という「鋳型化されたスプリントモデル」が形作られ、それをベースに走動作の全体像から切り離された部分部分に分けた「マック式スプリントドリル」が定式化していったように思われます（『月刊トレーニング・ジャーナル』誌、1995年6月号、ブックハウス・エイチディ、「速く走る理想のフォームとは？」の石塚浩氏・伊藤章氏への

インタビュー記事から)。

陸上界だけでなくさまざまなスポーツ種目の走トレーニングで見られる光景、脚の引きつけ、脚の後方蹴り上げ、トロッティング、腿上げ、それとその組み合わせなどの部分的ドリル訓練です。

しかし、マック氏自身は概ね、

- 選手にはそれぞれ各人独特のフォームというものがあって、それは教えることができないものである
- コーチはそれが記録向上にあまり関係ない場合、無理にフォームを矯正させることは避けなければならない
- 疾走フォームの技術的原点として、「柔らかく」「大きく」「素早く」

と鋳型化を戒めていた感も窺えます(ゲラルド・マック『マック式短距離トレーニング』講談社、1975年、30頁)。

鋳型化の悲劇と表現したのはスプリント動作の「運動観察」を放棄したことであり、「ドリル」を与えれば上達するという安易な考えを生んだことだと考えたからです。走動作に限らず、指導者・教員は運動学習・トレーニングの「管理者」に転落することなく、運動の全体像の見誤り、鋳型化したドリル訓練法に陥らないようにするには、私たちは観察眼を鍛え、トレーニング法を

工夫していかねばなりません。

疾走速度とは関係なかった踵の引きつけ・腿上げ・振り出し

1991年世界陸上100メートル決勝レースのバイオメカニクス的分析から、カール・ルイス選手やリロイ・バレル選手の脚動作では、空中局面を（a）踵の引きつけ、（b）腿上げ、（c）振り出し、（d）振り戻しの4局面に分け、（a）（b）（c）は角度・角速度ともに、疾走速度とは大して関係ないこと、（d）振り戻しが決定的に重要であることを明らかにしました。

併せて、接地局面での脚動作では着地後離地するまでの（a）股関節、（b）膝関節、（c）足関節の角度と角速度では（b）（c）は疾走速度とは関係ないこと（むしろマイナスに作用）、（a）の股関節最大伸展速度が決定的に重要であることを明らかにしました（日本陸上連盟監修ビデオ『世界トップアスリートに見る最新陸上競技の科学』第1巻100m、ベースボール・マガジン社より）。

さらに、400メートル専門の伊東浩司選手が200メートル↓100メートルへとより短距離にシフトしていく中で、「初動負荷理論」の小山裕史氏とトレーニングを積み重ね、1998年についに100メートル10秒00のアジア新・日本新記録を出すに及んで、ようやく鋳型化されたマック式の呪縛が説かれ始めたように思われます。それほどマック式の浸透度は深かったということです。今でも根強く残存している面も見受けられるほどです。

ちなみに、1991年の分析結果を私なりにまとめると、空中局面での（d）振り戻しと接地局面での（a）の股関節最大伸展速度が決定的に重要であるということは、接地する直前から接地し、股関節が立ち上がる動作の速さを求めるためのフォームと「基礎体力」作りが求められることになろうかと思います。91年の分析段階では、専門外の私が口を突っ込むのは憚れますが、スティックピクチャーでの分析、つまりその場走りでの分析なので（d）を振り戻しと表しています。実際には身体重心が前方移動していて、筑波大学准教授の谷川聡氏によれば、その動作を「足の引き込み」と表現しており、この表現のほうが実際上の動作と分析の乖離を生まずピタッとくるので採用させてもらえば、重心の真下に脚を引き込んで（これが意識的に追求され始めたのはトム・テレツコーチとカール・ルイス選手の師弟コンビであると思われます）接地し、股関節が立ち上がる動作の速さを求めるということになるでしょうか。

鋳型化したドリル訓練法が一旦社会的に定着してしまうと、走動作での鋳型化の呪縛から解き放たれるまでに、こういった科学的解明（世界大会の映像分析を国際陸連に認知させた日本陸連の努力も含めて）や選手・指導者のより合理的走法獲得への努力が必要だったのです。

4章

FOOTBALL / PHYSICAL / PLAYMODEL

▼「弾むバネ」「沈むバネ」「しなるバネ」

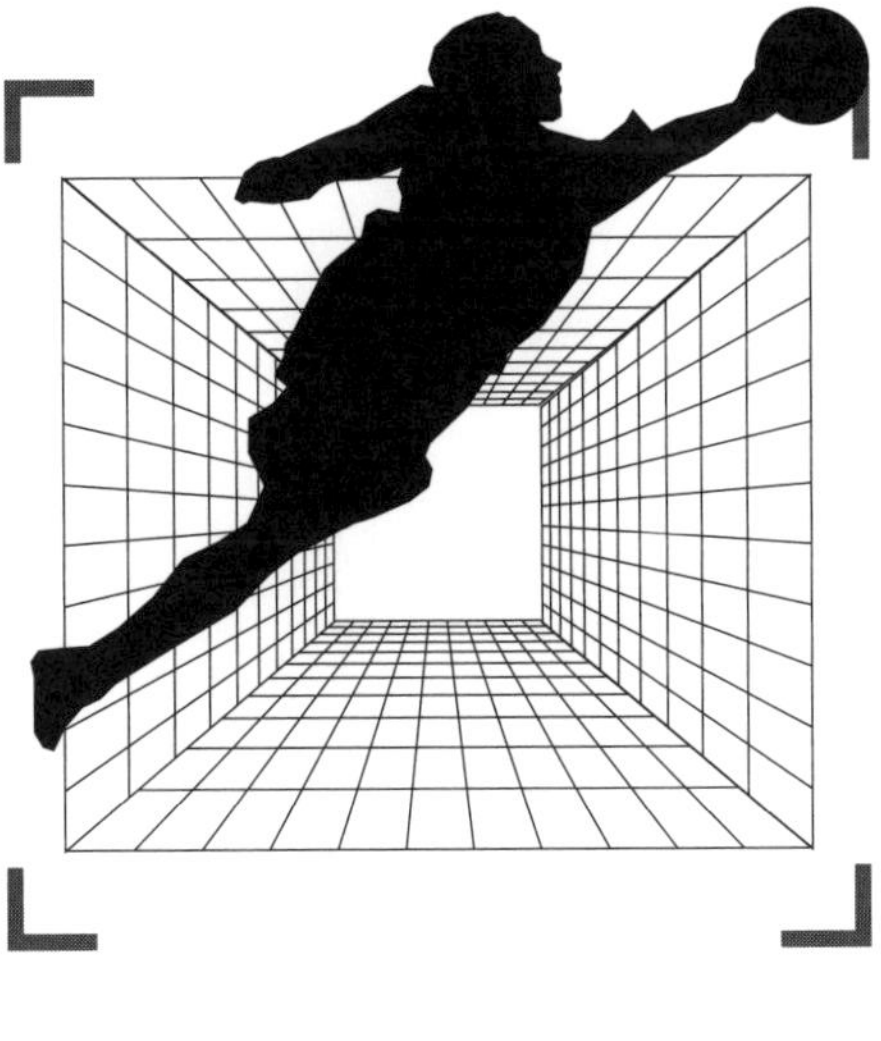

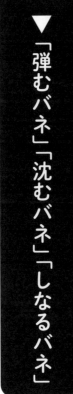

4章

「弾むバネ」「沈むバネ」「しなるバネ」

「弾むバネ」と3つの能力との関連性

トップ選手にはしなやかに動くための「基礎体力」があります。

プレーを見ると、スプリントでは自重をしっかり跳ね返す動きができ、また、減速や加速、方向転換ではグッと沈み込む動きがあり、さらに上半身を後ろにしならせる動きができる、という「弾むバネ」「沈むバネ」「しなるバネ」の3つを兼備しています。

短時間に効率よく力を発揮するためには、伸張-短縮サイクル（SSC：Stretch Shortening Cycle）と呼ばれる筋腱複合体でのバネ様の動きが重要になります。バネの強さを生み出す弾性エネルギーは、ちょうどスプリングを上から圧縮してグッと沈み込ませた

SSC

SSCは垂直跳びのように接地時間が長い（0.25秒以上）Slow SSCと、リバウンドジャンプのように短い（0.25秒未満）Fast SSCに分類する場合があり、サッカー選手ではどちらか一方ではなく両方高めていくのが重要であるとされている。

垂直跳び

垂直跳びはリバウンドジャンプと比較して下半身が沈み込む角度が深くなるため、股関節と足関節で大きなパワーを生むとされている。

反動で得られますが、動作時には身体の重さをしっかり乗せることが必要になるので、姿勢はとても重要になります。

筑波大学が2019年に発表した論文「男子学生サッカー選手におけるパワー発揮能力とスプリント能力および方向転換能力の関係：跳躍タイプによる違いに注目して」から、姿勢と「弾むバネ」の関連性を考えてみましょう。大学生のサッカー選手を、①世代別日本代表経験者、②ハイレベル群、③ローレベル群の3カテゴリーに分類し、30メートルのスプリント、プロアジリティテスト（180度の方向転換を含んだ5→10→5メートル走）、**垂直跳び**、リバウンドジャンプ（連続ジャンプ）の数値を計測し、それぞれの関連性について研究しています（図18）。

結果は以下の通りでした。

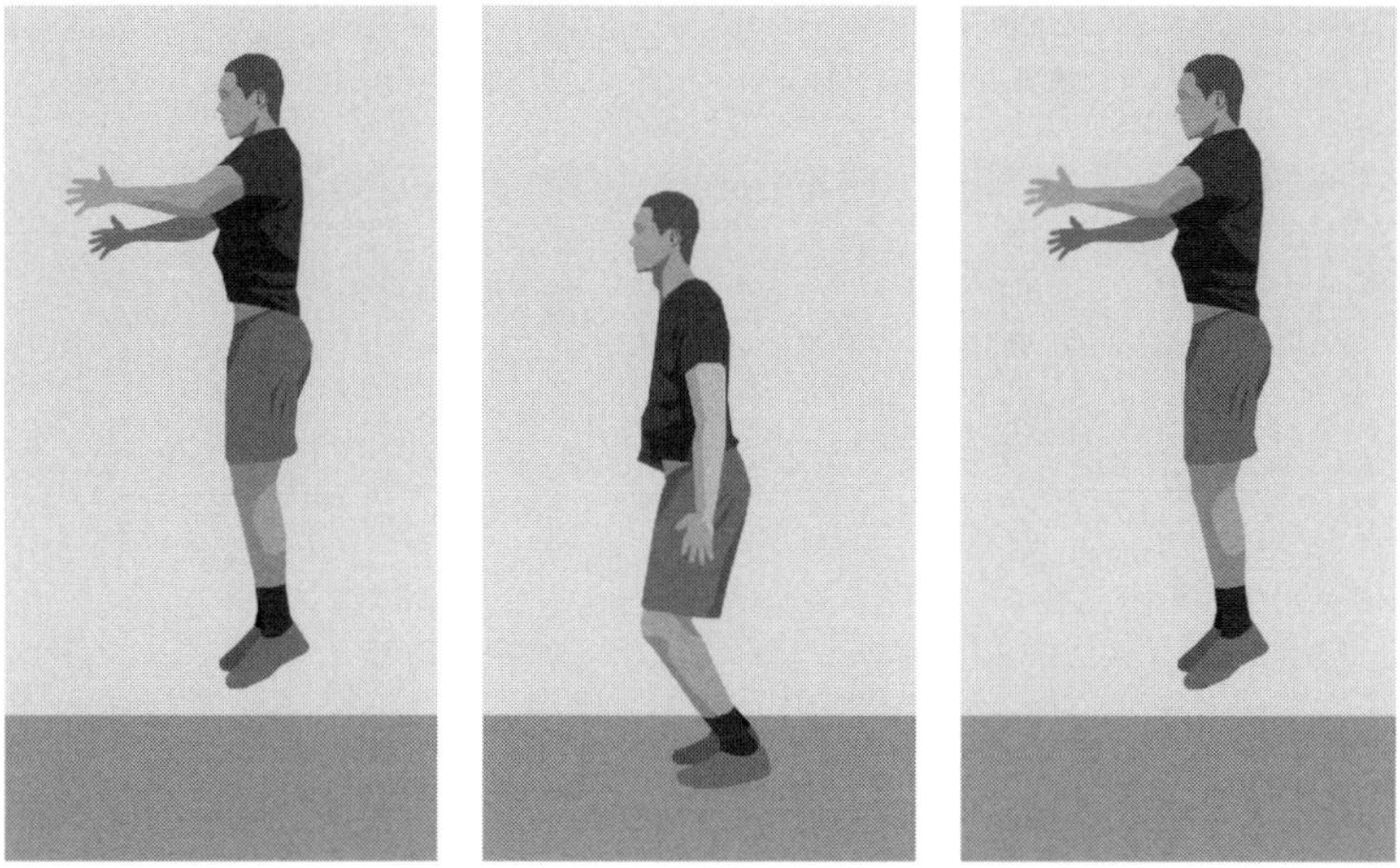

図18　リバウンドジャンプ

❶ジャンプ能力が高いとスプリントと方向転換が速い

❷カテゴリーが上がるほど、リバウンドジャンプという足首のバネで身体の重さを跳ね返すような連続ジャンプの能力に優れる

競技や男女を問わず、ジャンプ能力とスプリント能力、方向転換能力が相関しているとの研究は多くあり、私が帯同した全日本大学選抜での測定を振り返ると、現在も活躍している伊東純也選手（現：スタッド・ランス）や仲川輝人選手（現：FC東京）は、同様の項目に関して高い能力を持ち合わせていました。

ジャンプ動作は短時間でのパワー発揮が必要とされるため、前述のSSCの能力の指標になるといわれていますが、リバウンドジャンプが上手ではない選手を見ると、肩が力んで上がる、腰が引けるなど、上半身の姿勢が崩れていることが多く、また、着地時には足首がグシャッと潰れるなど、身体の重さをバネに変換できない「重さ負け」の状態になっていることが多くなります。

伊東選手がスプリントで、ポンポンポンッと弾むように軽快に走っている姿をイメージされる方は多いと思います。トップ選手ほど、自重を「弾むバネ」に変換して、重心の上下動の少ない状態でグングンッと推進していく能力が高くなります

【須佐MEMO】
日本記録保持者、五輪・世界陸上出場選手を多数育て上げた福島大学の故・川本和久氏によれば、足首がグシャッと潰れてはならず、スプリントの接地動作（氏の言葉ではドライブ動作）で、★スプリント動作で地面からの反発力をしっかり推進力にしていくためには「関節で緩衝しない」ことが重要、★接地の瞬間↓足首・膝・腰を曲げないで弾む：防衛反応でもあるので意識性が重要、★身体の真ん中にある蝶番である「骨盤を立てる」：技術の習得・身体の上手な使い方↓その基本である「姿勢」が重要、★その姿勢獲得のために「白樺のポーズ」などでの矯正を推奨、ということになる（川本和久『速い走りが身につく本』マキノ出版、2009年、同『足が速くなる「ポンピュン走法」』同、2010年を参照）。

(図19)。三笘薫選手のドリブルをしながらのスプリントでも、同様の印象を持たれる方は多いと思います(図20)。

リバウンドジャンプと同様に、スプリントでは着地時に短時間で大きな力を加える必要がありますが、上半身の姿勢が崩れると、身体の重さが乗せられずに地面からの反力をうまくもらえない動きになってしまいます。上半身が前屈して身体の前側に踵から着地し、横から見た際に「く」の字のフォームになるサッカー選手が多いといわれています(図21)。

また、脚を振り下ろす動きでは、爪先をスッと上げた状態で足首を固定することで、身体の重さを乗せて地面の反発をもらう必要があります。下腹部を中心としたコ

図19 伊東純也選手:「弾むバネ」のある走り①

図20 三笘薫選手:「弾むバネ」のある走り②

ア・ユニットが機能していない選手は、地面からの反力を推進力に繋げるために必要な股関節・膝・足首の固定が不十分になり、着地後に足首で地面を引っかくような形で身体の後ろ側で脚が回転するような走り方になりやすいといわれています。初速はピストン型、加速してからはスイング型と呼ばれる脚の動きをしますが、いずれも、着地後に脚をビュンと素早く前に振り戻して脚を引き込みながら下ろして着地する、という一連の動きをするための「基礎体力」は重要になると思います。

パフォーマンスに関わる沈む動きの質

ジャンプや方向転換の論文では、動作の切り

図21　スプリントのフォーム
（引用元：秋本真吾『一流アスリートがこぞって実践する 最強の走り方』徳間書店、2019年）

【須佐MEMO】
「弾む」という言葉のイメージで跳びはねると考えてはいけない。走りなどの移動運動では重心の上下動が少ないほうがいい。跳ぶように走ると評されたカール・ルイス選手は重心の上下動は少なく、ターフを跳びはねるように見えた往年の名馬ディープインパクトもしかり。爪先着地が重心の上下動が激しいのに対し、「初動負荷走法」といわれた伊東浩司選手の「フラット着地走法」は重心の上下動は少ない。

返しでのパワー発揮の局面の考察が多くなりますが、私は、垂直跳びの沈み込む場面や、方向転換前の減速し始めてからグッと沈み込む動きの質が、サッカーのパフォーマンスに相関があるのではないか、と感じていました。トップ選手ほど、その局面で上半身の姿勢が崩れずに股関節を柔らかく使える印象がありました（図22）。

「沈むバネ」の定義は、上半身の重さを骨盤（座骨間）に乗せて重心を落とすと、バネで浮き上がってくる、としています。ちょうどパワーポジションにあたるような姿勢になったときに、尻もちをつくように座骨に重さを乗せるような形になります。

この動きの質が高いと、

❶ 身体の重さをバネに変えられる
❷ 股関節がフリーで動かせる
❸ 上半身と下半身を別々に動かせる（例：反転しながらステップする）
❹ 浮き上がっている間に接地位置を変えられる

図22　沈む動きの重要性
減速し始めてからグッと沈み込む動きの質が重要になる

ということが可能になります。

パワーポジションからその場での足踏み、ハーキーステップと呼ばれる両脚のステップ、捻りのツイスティング、前後のシザース、左右のシャッフル、バックステップ、また、ラダーやマーカー、アジリティリングを使ったステップ系のエクササイズでは、沈む動きがベースになります。

これらは、上半身の傾きや身体の向き、脚の動きを変えながら動く、というサッカー的なステップワークの土台になると考えています（図23）。この動きをする際、下半身では、地面を押す↔引き上げるという動きが反復されますが、トップ選手は身体の重さを乗せてスムーズで素早い動きをするため、その土台となる下腹部が発達することになると考えています。

サッカーのプレー中に見られる沈む動きを、連続

図23　パワーポジションからのステップ

イラストを交え説明していきます。

❶大迫勇也選手のポストプレー（図24）

相手を背負いながらグッと沈み、身体の重さを当てながら浮き上がってボールをキープします。同様の局面でしっかり沈んでいると、下半身がフリーになるため、身体の向きやステップを変えられることで、鋭い反転も可能になります。また、上半身を直立に起こした状態で沈んで脚を身体の前に置くことで、相手選手の脚がボールまで届きにくい「懐の深い」キープも可能になります。くさびを受けるような場面では、スピードに乗った状態でもしっかり沈んで急減速し、後ろから圧力をかけてくる相手選手をブロックしてボールを受けることができます。大迫勇也選手（現：ヴィッセル神戸）は、身体を先に当てる技術も巧みですが、そこでも沈む動きがベースにあり、一見力を入れていないように見えても身体の重さが乗っているので、しっかり相手を制することができます。

図24 「沈むバネ」① 背負う：大迫勇也選手
しっかりと沈み込むことで身体の重さが当てられ、かつ下半身もフリーで動かせる

❷ 中村憲剛選手のハーフターンでボールを受ける動き（図25）

中村憲剛選手（現：川崎フロンターレFRO）が得意なプレーでしたが、軸足を着地したあと、沈んでから浮き上がって脚が浮いている間に、身体の向きを変えてボールを止めることで、次のプレーへの移行がスムーズになります。南野拓実選手（現：モナコ）は、バックステップを踏みながらクルッとターンをして前を向くプレーが得意ですが、その局面でも質の高い沈む動きが入ります。また、技術の高さで定評がある大島僚太選手（現：川崎フロンターレ）は、沈みながらタタンッと同側の脚で連続的にステップを踏み、相手選手のタイミングを外したり逆をとったりして反転や加速するのがうまく、受け方や交わし方が多彩になります。

❸ 三笘薫選手のカットイン（図26）

カットインでは、進行方向と反対側の脚（外脚）を着地するタイミ

図25 「沈むバネ」② 受ける：中村憲剛選手
沈み込んで脚が浮き上がっている間に身体の向きを変えてボールを止めると次のプレーに移行しやすい

ングでグッと沈み込むことで、地面の反発をもらいながら身体の向きを変えて加速します。三笘薫選手のように沈む質の高い選手は、脚が素早く前に出てきて、重心の上下動が少なく、並行移動しているかのような動きになります。ドリブルの名手の得意技、スタンリー・マシューズ選手の「マシューズフェイント」、ヨハン・クライフ選手の「クライフターン」、ルイス・フィーゴ選手の「キックフェイント」、ジネディーヌ・ジダン選手の「マルセイユルーレット」、ロナウジーニョ選手の「エラシコ」、アリエン・ロッベン選手の「カットイン」、クリスチアーノ・ロナウド選手の「クリロナチョップ」、アンドレス・イニエスタ選手の「ダブルタッチ」、ネイマール選手の「反発ステップ」、三浦知良選手（現・オリヴェイレンセ）の「シザース」には、必ず質の高い沈む動きが入ってくるため、これらの技術の習

図26 「沈むバネ」③ 運ぶ（カットイン）：三笘薫選手
進行方向とは逆の脚を着地するタイミングで沈み込ませることで身体の向きを変えて加速する

【須佐MEMO】

上記以外にも、沈み込みと同時に両手を振ってブレーキングするリオネル・メッシ選手の急激ストップ技がある。スピードに乗りながら身体に近いところにボールを置き、相手が出てきた瞬間に両手を背中側に振って急ブレーキをかけながら沈み込み、左アウト→左足甲でのダブルタッチ。しかも0.2秒の間に2回触って方向転換し抜け出すという神技。これは体操の内村航平選手が鉄棒の「捻り→着地」に際し、着地の終末局面での制動運動の先取りとそのための制御技術として腕を広げるのと類似している。内村選手が「捻りをほどく」と言っているこの動きに際して、内村選手は2回捻りでも3回捻りでも、着地まで半捻りのタイミングで腕を広げている。

得や洗練化の重要なポイントになると考えています。

❹長谷部誠選手の守備対応（図27）

クロスステップで背走しながらお腹を相手側に向けて反転するのは難しい技術ですが、長谷部誠選手（現：フランクフルト）は、方向転換のタイミングでしっかり沈む動きが入ることで、スムーズに対応しています。この動きがうまくいかない場合は、身体の向きを変える局面で沈まずに、対応が遅れて後手を踏みます。進行方向側の骨盤が下がって外側の脚で力んで踏ん張ることになり、上半身が煽られたり、腰が引けたりしまうことで、脚がスムーズに前に出ていかない動きになります。

❺井手口陽介選手のボールを奪う動き（図28）

井手口陽介選手（現：ヴィッセル神戸）は、グッと沈み込みながら重心

図27　「沈むバネ」④ 反転：長谷部誠選手
方向転換のタイミングでしっかりと沈む動きが入ることでスムーズに対応している

図28 「沈むバネ」⑤ 奪う：井手口陽介選手

沈み込みながら重心が並行移動するように加速し、身体の重さが乗ったままタックルしているが並行移動するように加速し、脚を伸ばしながらも身体の重さが乗った状態でタックルしています。身体がのけぞることなく、相手の近くに残ったままになるので、連続的にプレッシャーをかけることも可能になります。また、デュエルで抜群の強さを誇る遠藤航選手（現：リヴァプール）は、テレビのインタビューで「1対1では相手の腰の動きを見る」という話をしており、そのシーンを見ると、素晴らしい構えから相手選手がグッと沈んで加速するタイミングに合わせてギュンと寄せていき、ボールを奪取していました。

❻冨安健洋選手の守備（図29）

冨安健洋選手（現：アーセナル）が相手選手にショルダーチャージする際には、相手と反対側の外脚が着地した際にグンッと沈み込んでからコンタクトするので、身体の重さが乗った強い当たりになります。当たり負けをする選手は、もちろん体格や技術もありますが、肩が力んで上がったり腰が引けたりと上半身の姿勢が崩れていて、沈んで身体の重さを伝えるのではなく、下半身で力んで踏ん張るような動きになっています。コンタクトで抜群の強さを誇る家長昭博選手（現：川崎フロンターレ）

図29 「沈むバネ」⑥ 当たる：冨安健洋選手

相手と反対側の外脚が着地した際にグンッと沈み込むことで、身体の重さが乗ったタックルができるは、上半身の姿勢が良く、沈む動きとの連動で相手に身体の重さをしっかり伝えています。ハンドオフでも肩甲骨や肩・肘が下がった姿勢のまま、全身が連動して重さを伝えているため、圧巻の強さになります。また、強く当たるだけではなく、タイミングよく腕を外すことで相手をいなしたり、下半身がフリーなのでヒラリとコンタクトを交わしたりする動きも織り交ざります。

❼冨安健洋選手のスライディング（図30）

冨安選手が後ろ脚で踏み込んでスライディングしていく際、上半身がちょうど座骨の間にスポッと落ちて沈んでいくような動きになり、身体の重さが乗ったまま脚が遠くまで伸びていきます。沈む動きがベースにあると、相手がキックフェイントで切り返したり、そのまま加速したりしようとした際に脚を伸ばすのをキャンセルできるので、バランスが大きく崩れずに以降の対応もスムーズになりやすくなります。また、股関節がフリーであれば、滑ったあとの状態も大崩れしないことが多くなるので、立ち上がる動きも速くなります。

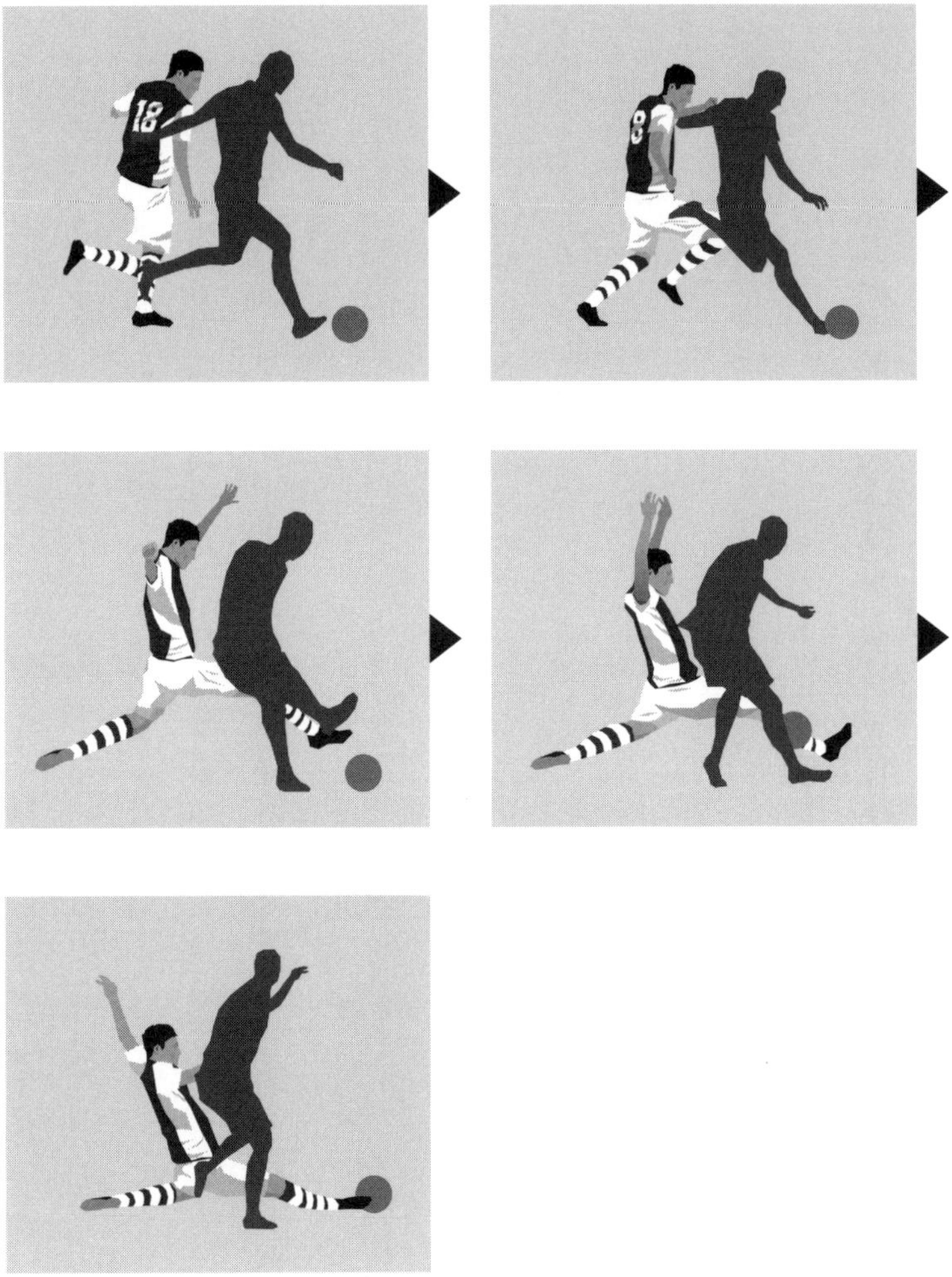

図30　「沈むバネ」⑦ 脚を伸ばす：冨安健洋選手

上半身がちょうど座骨の間に落ちて沈んでいく動きになり、身体の重さが乗ったまま脚が遠くまで伸びていくなお、GKは、構えから沈んでセービングをする動きが基本となります。また、腕を含めた全身を大きく使うプレーを反復するため、上半身の「基礎体力」が高い選手が多く、沈む動きの質が高くなります。

沈む動きと上半身の関係性ですが、トップ選手が、スクワットやランジ系エクササイズ、四股や伸脚をすると、骨盤にスポッとはまるような形で上半身の重さが座骨にしっかり乗ります。

上半身の「基礎体力」が低い選手が同様の動きをすると、コア・ユニットが十分に機能していないため、肩・肘が力んで上がる、腰を反って固める、鼠径部が締まるといった姿勢になり、上半身の重さを吊り上げる形の「重さ負け」した動きが出やすくなります。結果的にバネのエネルギーになる上半身の重さが座骨に乗らず、股関節がフリーではなくなるため、下半身は力んで踏ん張るような動きになります。

また、一見問題なさそうでも、パワーポジションでチューブや重錘を持ったエクササイズをすると、この姿勢が顕著になる選手が多く見られます。この動きの癖はそのまま、沈む動きに悪影響を及ぼします。育成年代のトップレベルでも同様の動きをする選手は多く、その場合は技術が積み重なっていかない印象があります。

「基礎体力」が低い場合は姿勢を意識のみで変えるのは難しいことが多く、現状でプレーに応じた最適な姿勢を作ることと、「基礎体力」を上げてより良い姿勢や動きを作っていくことは、明確に分ける必要があると考えています。

とにかく「真下に沈む」

沈む動きで重要なことは、上半身～骨盤で下半身をグッと圧縮させるようなイメージで、とにかく「真下に沈む」ことになります。加速時にはどうしても前に急ぎたくなり、また、方向転換では外脚に力を入れたくなるため、上半身が前に突っ込んだり煽られたりしやすくなりますが、まずはしっかり「真下に沈む」ことで、股関節がフリーで、重さが乗ったバネのある動きになります。

また、カテゴリーが上がるほど「真下に沈む」質が上がり、1対1はスムーズでバネ感のあるレベルの高い攻防になります（67頁の図12、69頁の図13）。能力が高い選手は意識で変えられる場合もありますが、技術を定着させるためには、基本的には併せて「基礎体力」を向上させていく必要があると考えています。

「膝を抜く」ことでバネを生み出す

立った姿勢から重心を落として沈んでいく場合、「膝を抜く」技術が必要になります。ハリー・ケイン選手は、この「膝を抜く」動作のあとに、上半身の重さが座骨に乗ることで、反転とステップ、初速がスムーズになります（図31）。トップ選手は、この膝の使い方が抜群にうまく、さまざまな姿勢からスッと重心を落とすことで、動きに必要なバネを生み出すことができます。これが上手でない選手は、着地時に膝がグニャッと前に出るような「重さ負け」したた動きが出てしまい、ロスが大きくなります。また、初速では、踵を上げた状態での足首の固定が重要になり、すねが前に倒れた状態で股関節

図31　ハリー・ケイン選手：「膝を抜く」

をグッと伸展することにより、大きな力が生み出されます。

スラロームのようにスピードを調節しながら角度を変える場合や、減速〜止まる際の沈む動きでも、「膝を抜く」ことが必要になります。減速時には、上半身を起こしながら、「膝を抜く」ことと股関節の動きのコントロールで、身体の前側でタタタッと脚を前でさばくような動きになります。足首を固定しつつすねが後ろ向きに倒れた状態で身体の前側に着地することで、身体の重さをブレーキ成分に変え、スムーズな減速になります。方向転換をする場合は、進行方向に上半身の向きを変えつつ加速していく形になります。

沈む動きでいかに股関節をフリーにするか

沈む動きで、股関節をいかにフリーにできるかは重要になります。「ヒップヒンジ」と呼ばれる、ちょうど蝶番のように股関節支点で滑らかに上半身を前に倒す↕起こす動きは、サッカーでも重要な動きになります。

ルカ・モドリッチ選手の守備は、上半身を股関節からスムーズに起こしながら、

【須佐MEMO】
着地時に足首がグシャッと潰れるなど、身体の重さをバネに変換できない「膝が潰れる」、つまり「重さ負け」の状態になっていることと、膝関節は固定されてすねが前に倒れる「膝を抜く」こととの違い・区別を指導者は把握しておかねばならない。スピードに乗った助走から方向を変えたクロスを上げる場合など、「膝を抜く」ことをしないと踏み込みの衝撃を緩衝できないのではないだろうか？　これは意識してやるのではなく、ある程度の自動化された習熟段階までもっていかないと試合では出現しない。そのためにも「基礎体力」のレベルを上げて骨盤がスムーズに回旋できるように鍛えなければならない。

ステップを変えつつ、脚を伸ばしながら身体の重さを乗せて当たる、という動きを同時並行的に実施しています（図32）。

よく、理想的な守備の姿勢は？　と質問されますが、モドリッチ選手をはじめとした外国人選手の多くは、足首を前に曲げる可動域が狭く、すねが立った状態になり、バランスを取りながら重心を落とすため、上半身は背骨全体が丸みを帯びた姿勢になります。このときに重要なことは、頭が背骨の並びから外れずに、上半身の重さが座骨間に乗っていることになります。「ヘッドダウン」と呼ばれる、頭が前に崩れるような形で上半身が倒れているのであれば、沈めずに踏ん張る形になるので、対応が遅れやすくなり

図32　ルカ・モドリッチ選手：上半身を前に倒す↔起こす動き

ます。内田篤人選手のように足首を曲げる可動域の柔らかい選手は、上半身とすねが前に倒れた並行に近い構えになることが多くなります。

中村憲剛選手は「隠れフィジカルプレーヤー」だった

サッカー選手のプレー動画や写真を横断的に見ると、基本的にはどんな選手でもキャリアを重ねていくと上半身が硬くなっていき、しなやかさは失われていく傾向があります。結果的に多くの選手は、沈む動きの質が下がることで、減速や止まる動作ができなくなって引退していくといわれています。これとは対照的に、中村憲剛選手の現役最終年（40歳）の練習中や試合前のウオーミングアップで行うシャトルランを見ると、減速や止まる〜加速の一連がスムーズで、まだまだ現役が続けられそうな印象を受けました。

2018年4月27日のWEB上の記事「悲願のJ1制覇！　選手たちを支えたフィジカルトレーニングの秘策」（「FUJITSU JOURNAL」）における中村選手とフィジカルコーチの篠田洋介氏との対談によると、所属チームの体力測定では、ジャンプなどのパワー系のテストがチーム上位で、「隠れフィジカルプレーヤー」と呼ばれていたそうです。試合前のウオーミングアップでのストレッチ系のエクササイズを見ると、骨盤や背骨、肩甲骨回りは現役の最後までしなやかに動いていました。自重をバネに変換するために必要な上半身の「基礎体力」の高さを、最後まで維持できていたのではないでしょうか。

上半身との動きとケガとの関連性に関して、武藤嘉紀選手は前述の『ドイツサッカー文化論』のインタビューで、「（中略）股関節の動きであったり、上半身の柔らかさだったり、肩甲骨回りや胸回りの上半身がだいたい固まって動かなくなると、膝や足首に負担がくるんです。サッカーって全方向から相手が来るから、いかに上半身の力を抜くか、力を入れるときと抜けることが大事なのですが、動きがしっかりとれないと、上が硬いから下を動かしてしまうのです。股関節が硬いと、膝とか関節系に負担がかかってケガをしてしまう」（一部本書の表記に統一）と話をしています。コンタクトの局面では、しっかり沈んでいる選手のほうが、ケガが起こりそうな体勢になった際にスムーズに地面から脚を外したり、強くコンタクトを受けるだけではなく、必要に応じて相手をいなしたりできるため、ケガを回避しやすくなる印象があります。

以上のように、オフ・ザ・ボールでの加速、減速や方向転換だけではなく、球際の局面やオン・ザ・ボールでもサッカーには沈む動きから生み出されるものが多く、それに必要な「基礎体力」を深掘りしていくことで、サッカー全般がうまくなる！と考えています。

背骨と肋骨を反らして「しなるバネ」を生み出す

サッカーでは、上半身を後ろに反らすような動きでの「しなるバネ」も重要になります。この動きは、へ

図33 「しなるバネ」

ディングや、スローイン、キック、胸トラップ、またGKのセービングやオーバーハンドのスローイングで見られます（**図33**）。

「しなるバネ」を生み出すためには、背骨と肋骨を反らすことが重要になります。背骨では、頭～背骨～骨盤までの繋がりがある状態で、胸椎下側のカーブを反らすことが重要になります。肋骨は部位によって動き方が異なり、上位はポンプハンドルモーション（前傾↕後傾）、中位～下位はバケツハンドルモーション（挙上↕下制）、浮遊肋はキャリパーアクション（拡張↕閉鎖）という**3つの動き**を複合しながらしなりを生みます。腹筋群は引き伸ばされながら力を発揮することが重要で、さらには下半身との連動を作り出すために、下腹部で骨盤の前側を前上方に引き上げる動きも必要になります。

ヘディングでは、後ろにしなってから上半身を曲げていく動きの際に、浮いている脚は「膝が下」でぶら下がる形になります。そのことにより、下半身の重さで腸腰筋が引っ張られる動きになり、必要に応じて股関節を曲げる力も参加するようになります。C・ロナウド選手のような胸椎下側から上半身を反らせた空中姿勢を、私は「引き金をひく」と表現していますが、①ここから上半身が前に振り戻る、あるいは、②速いクロスボールなどをこの姿勢のまま当てる、ことで身体の重さが

3つの動き
胸椎下側のカーブを反らす動きと中位～下位・浮遊肋の動きが連動することで、みぞおちの下側の肋骨が開くような形でしなりが出現する。さらにはスローインやセービングのような腕を高く上げる動作では、上位肋骨の動きが連動することで、肩甲骨から腕がスムーズに伸びていくような動きになる。

乗った威力のあるヘディングになります（55頁の図5）。

「引き金をひく」というのはグッと力づくに引っ張ることではなく、上半身をスッと後ろに引き切ったところで腹筋群が伸ばされることでバネが生まれ、力感なく上半身の重さが前に振られてくる、という動きになり、ボールを遠くに飛ばすことが可能になります。

キックでは、ヘディングと反対で、上半身のしなりが蹴り足を前に振り出す動きをサポートします。テイクバックを横から見たときに、上半身と蹴り脚で「J」の字を描くようなシルエットになります。

スローイングでは、下半身は沈む動きが土台となり、股関節支点で上半身の重さを乗せるサポートをする形になります。テイクバックで「引き金をひく」動きになり、肩甲骨と連動して腕を振ることで、強いボールが飛んでいきます。

セービングでは、しなりが入ることで、腕だけではなく胴体部分や肩甲骨と連動した動きになるため、キャッチングの安定性や、パンチングではボールを大きく跳ね返すことに繋がります。また、セービングで腕を遠くまで伸ばした際にも、胴体と肩甲骨との連動があると強いボールを指先で弾くことも可能になり、また、胴体部分がしなることで肩・肘が身体の面より後ろにグイッと持っていかれることも少なくなるため、ケガの予防にも繋がります。

これまでの2つのバネと同様に、上半身の「基礎体力」が低く、肩・肘が上がる、腰を反って固める、鼠径部が締まるような癖がある選手は、胴体全体が硬直化してしまい、背骨や肋骨が動かず、腹筋群も固まっていることで「しなるバネ」が生まれにくくなります。

まとめると、「弾むバネ」「沈むバネ」「しなるバネ」を生み出すためには、共通して上半身の姿勢は重要で、その「基礎体力」の高さはサッカー選手のパフォーマンスを上げていくために必須になります。

COLUMN

須佐の眼

「姿勢」「アジリティ」「受け方」「ドリブル」「タックル」

姿勢の問題は「バランス能力」の問題

徳島大学名誉教授の荒木秀夫氏によれば、大きく3つの段階に区分される「コォーディネーション能力」のベース（第1段階）として「バランス能力」を捉える必要があります。その上の第2段階として「定位能力・分化能力」と「反応能力・リズム能力」、第3段階として「運動結合能力・運動変換能力」があり、この最上位の能力を「さまざまな運動を結合したり、変換したりする能力を、それぞれの運動のトレーニングとして獲得するのではなく、少数のトレーニングによって、他の運動の結合と変換を可能にする……2つ、3つの動きを修得したら、多くの動きが獲得できるような柔軟で創造的な能力」と規定しています。そのためにも前述した鋳型化の問題に引き寄せて言えば「『運動の型』を強固にしないという発想」が重要で、『運動の型』を作り上げるほうが短期的にスキルを向上させることがあっても、一定水準に達すると伸び悩むという傾向を示す」というように、鋳型化させないトレーニング、そのための「ディファレンシャル・ラーニング」の必要性とともに、「基礎体力」の向上も求められていると思います。

また、この「コォーディネーション能力」の要となる「バランス能力」と姿勢の問題に関して、筋放電が出現しない状態で立位姿勢を保持することを学習したあとには、

- **立位姿勢で下肢（大腿四頭筋）から筋電図が消失すること**
- **その立位姿勢から一歩前へ踏み出して着地するまでの間に、筋放電がほとんどなくなること**

が明らかにされました。

興味深いことに、「これは体幹の骨盤から肩までのところでバランスをとっている」ということです（荒木氏前掲『月刊トレーニング・ジャーナル』誌）。変に固めない「可塑性」に富んだ運動を作っていくコア・ユニットと、上半身の「基礎体力」が求められるのではないでしょうか？

アジリティを「コォーディネーション理論」から捉える

ロナウジーニョ選手の「エラシコ」の動きを観察すると、下半身、特に股関節-骨盤の動きに上半

身＝体幹がついてくるとは見做せませんでしょうか？　下肢、特に膝から下および足首の動きが素早くクネクネッと動くので観察者はそちらに目がいきがちですが、そこが見えてはいけないのです。

荒木氏の「コォーディネーショントレーニング」解説では、「胸・肩を先に動かして、あとから腹・腰が追いかけるようにして左右に揺らす」、しかも「肩も腰の線も平行になるように動く」いわゆる「Sの字運動」というように、上半身（肩）を下半身（腰）があとから追いかけることになっていますが、股関節－骨盤の動きから体幹が追いかける違いがあるとはいえ、「Sの字運動」との類縁性が認められるのではないでしょうか。

ロナウジーニョ選手の「エラシコ」の動きでは、彼はまず右脚のアウトでボールを右外側に持っていきますが、その際、軸足になる左脚の股関節－骨盤の動きから遅れて動いた体幹に対戦相手が反応した（つられた）瞬間、ロナウジーニョ選手側から見れば相手がそれに引っかかった瞬間、右脚のインサイドで切り返し（ほとんど自動化されて）、ボールは相手右側に移動、相手が左脚に重心が乗るときには、ロナウジーニョ選手は逆を取って抜き去ってしまうのです。

「ラダートレーニング」などの決まりきったトレーニングからはこのような運動発生はせず、下半身と上半身との連動性を高める（繋げる）、その連動性を切って下半身だけが自由に動く、動きのリズム・テンポを変えられる、運動の変換・結合が自由にできるような「コォーディネーショントレーニング」によって可能となる面もあると思います。

荒木氏から伝授された方法を少し紹介すると、

■コーンの間隔を少しずつ短くするスラローム走

一定の間隔があれば体軸を倒しながらジグザグ走できますが、間隔が詰まってくると、体軸を倒せなくなり、下半身だけで動くようになっていきます。そのような動きが発生するのを誘発します。コーチの笛が鳴ったらコーンを横切らないなど、制約をかけると（音刺激ではありますが）、状況対応力も芽生えていきます。

■縄跳び越しステップワークランニング

ピッチに置いた30メートル以上の縄を揺すってもらい横波を起こしてもらいます。そこをうまく自由なステップワークで越えていきます。跳んでしまっては自分の体幹を制御できなくなるのでステップで越えるだけで前進するようにすれば（ヘッドダウンせずに先の波を見通しながら……まるでカバーに来ようとしているもう一人のDFを視野に入れるように）、能動的対応力が芽生えていきます。

ドリブル、フェイント練習の前にこのような「コオーディネーショントレーニング」を導入すれば、「動感＝キネステーゼ」ができているので、実践的な練習に入りやすくなると思います。アジリティの問題をアジリティトレーニングで解決しようとしても、実際の巧緻性のある動き作りには繋がらないのではないでしょうか。

ボールを操作する末端の動きに惑わされずに動きの本質的側面をしっかり見極めること、「エラシコ」の場合は軸足の股関節−骨盤−体幹の動きに逆脚の動きが絡み合ってくること、これを見極め、そして状況対応力をつけながら実戦練習を積む、その動ける感覚を掴むための「コォーディネーショントレーニング」、それを下支えする「基礎体力」の構築が、求められる方向性ではないでしょうか。

股関節の「運動弾性」を効かせた受け方

116頁のボールを受ける動きを、私は以下のように理解しています。

・股関節の「運動弾性」を効かせる
・それがしっかり機能するには、骨盤が立った状態＝腹腔が伸びる↓体幹深層筋が働き、前のめりにならない姿勢が自然体でできる

これは、体操競技におけるジャンプ系の技での接地・着地や、鉄棒での着地などでの「制動的調節」として見られますが、揺れに対するバランス調節（姿勢制御戦略：足関節戦略、股関節戦略、ステッピング戦略）が関係していると考えます。

FWがクサビを受ける際など、うまく相手DFをブロックができて骨盤が立った状態で、股関節の「運動弾性」を使えればいいのですが、難しいのは速いスピードでボールを迎えにスペースへ落ちて（下がって）いき、かつ相手DFに背中から圧力をかけられる厳しい状況下で、急減速しながらこの動きでボールを受けることができるか、が問題だと考えます。

能動的対応の中でのドリブル

117頁のように、それぞれのドリブル技は自動化されています。ただ、決して機械的に実施しているのではなく、それぞれの状況への能動的対応の中で遂行しています。3章の「須佐の眼」でも示しましたが、ステレオタイプを生むようなドリル訓練ではなしえず、刻々変化する状況に対応できるダイナミックステレオタイプを生み出すためにトレーニングを工夫しなければなりません。

例えばアンドレス・イニエスタ選手の得意技：自身の右からのグラウンダーパスを右脚側から左脚側への重心移動を伴うターン時に右脚がクッと沈み込み—ボールが自身の右から左へ移動しかかった瞬間に相手の逆を取るべく先取って（「運動先取り」）左脚を沈み込ませ、右脚のアウトで切り返す技、いいリズム性を持って（「運動リズム」）、スムーズな右—左そして左—右への連続的切り返し動作（切り返し時の「運動弾性」と切り返し後の「運動伝導」）と流れるような（「運動流動」）技は、一連のパッケージとして（「運動調和」のある）まとまっていますが、決して機械的ではありません。

軸足から動いていくタックル

118頁の井手口陽介選手、120頁の冨安健洋選手のタックルはともに、ボールにアタックする足ではなく軸足から動いていることがわかります。結果的にボールにアタックする足（末端）からいかず、軸足から動くことの重要性に関してはしっかり認識しないといけません。指導の過程では「軸足、軸足」と強調しすぎると変な力みが生じる選手が出るので注意しないといけませんが、力みが出る選手には「ボールにアタックする足の骨盤から動く」と感じさせたほうがよい場合があります。

さらに、身体の重さが乗った強い当たりになるのは、上半身が「S字の動き」になって、接触側の体側が「壁」となって強さを増すように、「骨盤と肩甲骨のリズム」（詳細は5章「須佐の眼」）を使える身体操作ができるようになる必要があると思われます。これが空中での競り合いでもこの「S字の動き」が取れると横からの当たりにも負けない強さが出ると考えられます。この点でも「基礎体力」をつける必要があるでしょう。

5章

FOOTBALL / PHYSICAL / PLAYMODEL

▼上半身の機能とサッカー

5章 上半身の機能とサッカー

骨盤の動きのコントロール

トップ選手はコア・ユニットの筋群が発達していますが、その重要な機能に骨盤の動きのコントロールがあります。殿部や大腿の筋群と協調して骨盤が三次元的（前傾↕後傾、挙上↕下制、右↕左回旋）に動くことで、全身が連動した動作が生まれ、身体の重さをバネに変えることができます。

ロベルト・レヴァンドフスキ選手が**FMS**（Functional Movement Screen）というテストで前方にあるハードルを右脚で跨ぐ動きになりますが、右脚を上げると右側の骨盤が挙上し、膝を曲げたまま「膝が下の通り道」で右脚を前に出していくことで、骨盤の右側が前に回旋していくのがわかります（**図34**）。この一連の動きの際、軸足

FMS
スポーツや医療の現場で行われる、柔軟性や筋力、バランス能力などの身体機能を評価する簡易的なテスト。①ディープスクワット、②ハードルステップ、③インクラインランジ、④ショルダーモビリティ、⑤アクティブストレートレッグレイズ、⑥トランクスタビリティープッシュアップ、⑦ロータリースタビリティの7種目で構成される。

（左脚）の安定性はもちろん重要ですが、上げた右脚の重さを下腹部でコントロールできずに鼠径部を締める動きが出ると、股関節の滑らかな動きが制限され、骨盤との連動性が失われてしまいます。この際、腰は反って固めるのではなく**腰椎**が滑らかに動くことで、骨盤と背骨〜肋骨、肩甲骨が連動した動きが可能になります。腹〜

腰椎

「Joint by joint theory」という考え方では、腰椎はスタビリティ関節として安定性の役割を果たしているとされているが、トップ選手がハイパフォーマンスを出すためには、腰椎は可動域の範囲内で滑らかな動きを出す必要があると考えている。

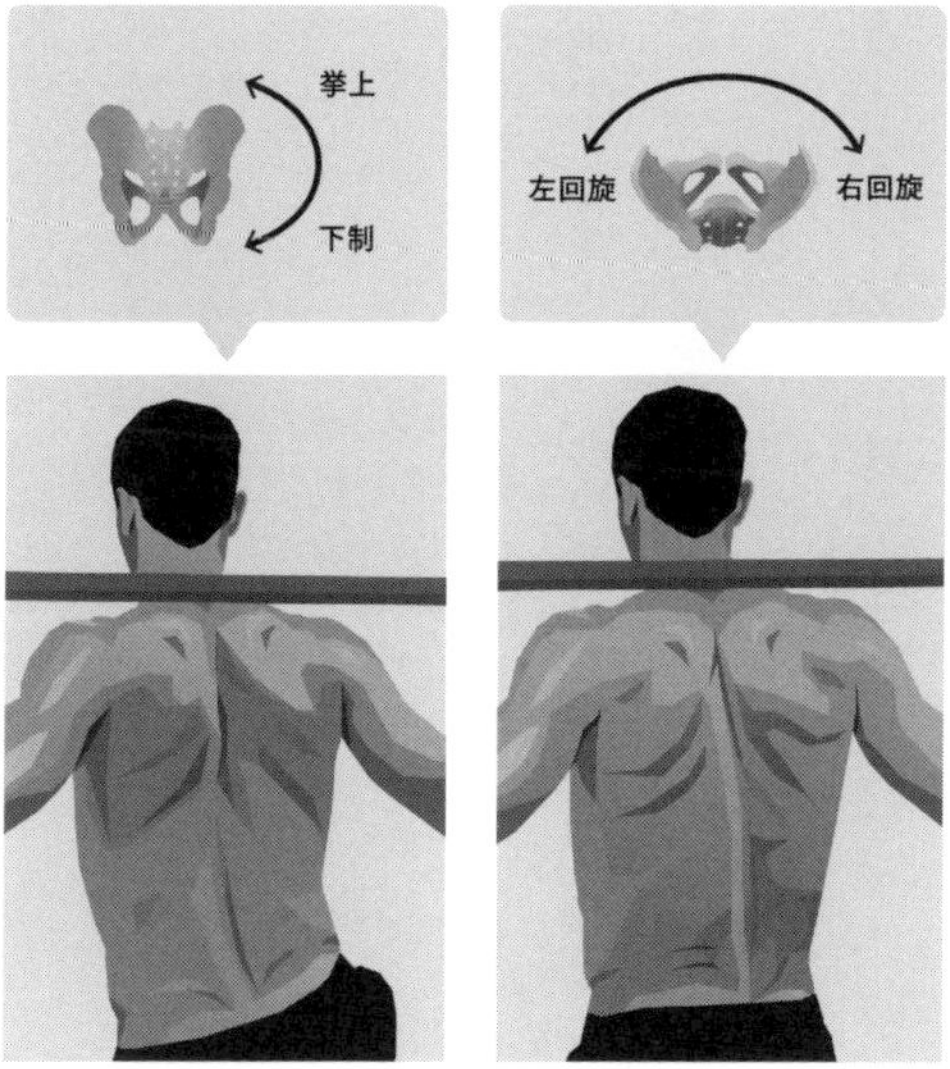

図34　ロベルト・レヴァンドフスキ選手：
骨盤の動きと背骨の連動

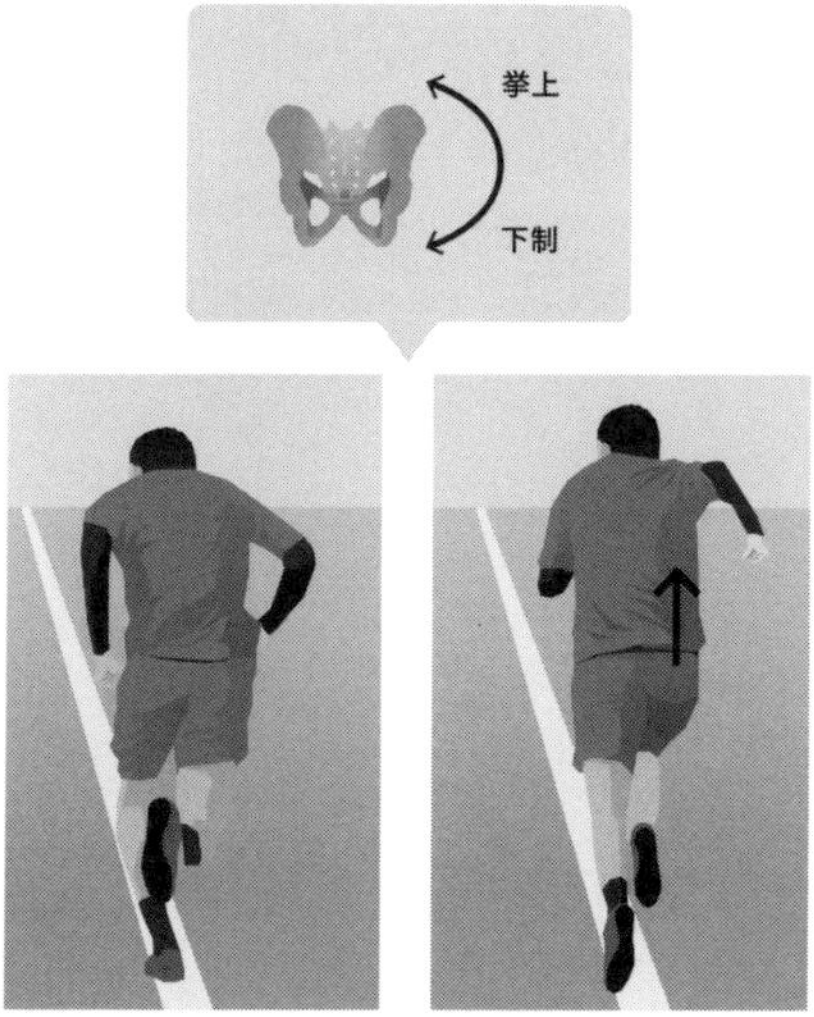

図35　スプリント：骨盤の挙上

腰回り、下腹部の筋肉を分厚く発達させながら、骨盤〜腰回りの必要な動きを出すための柔軟性は並行して必要になります。

スプリントの速さはピッチ（回転数）×ストライド（移動距離）で説明されていますが、初速では、支持脚の着地―離地時に、浮いている脚（遊脚）の骨盤が挙上する動きが出ることで地面に加わる力が大きくなり、ストライドが大きくなってスピードが上がります（図35）。スピードが上がるにつれて骨盤が回旋する動きが増え、ピッチが上がっていきます（図36）。着地後に支持脚の股関節が伸展したあと、骨盤がグッと前に回るとともに、脚が前に振り出され、前脚を引き込む動きが連

図36　スプリント：骨盤の回旋

動し、両脚が「膝が下の通り道」でスムーズに交差する動きになります。

スピードを上げていくためには下半身で大きな力を生み出す必要がありますが、コア・ユニットを機能させ、上半身の姿勢を保持しておくことが重要であるといわれています。サッカー選手は状況判断下で減速や加速、方向転換をする競技特性上、重心を下げた走り方になりがちですが、スプリントの速い選手は、基本的には陸上競技の短距離選手と同様の特徴の動きになります。2022年カタール・ワールドカップ・グループステージのスペイン戦で、三笘薫選手がダニ・カルバハル選手と並走しサイドを駆け上がっていく姿は、陸上選手さながらの動きだったと思います。骨盤の挙上は、ヘディングでの競り合いなどで実施する片脚のランニングジャンプでも見られ、踏み切り脚と反対側の骨盤が上がることで、上方向への重心移動をサポートします（図37）。

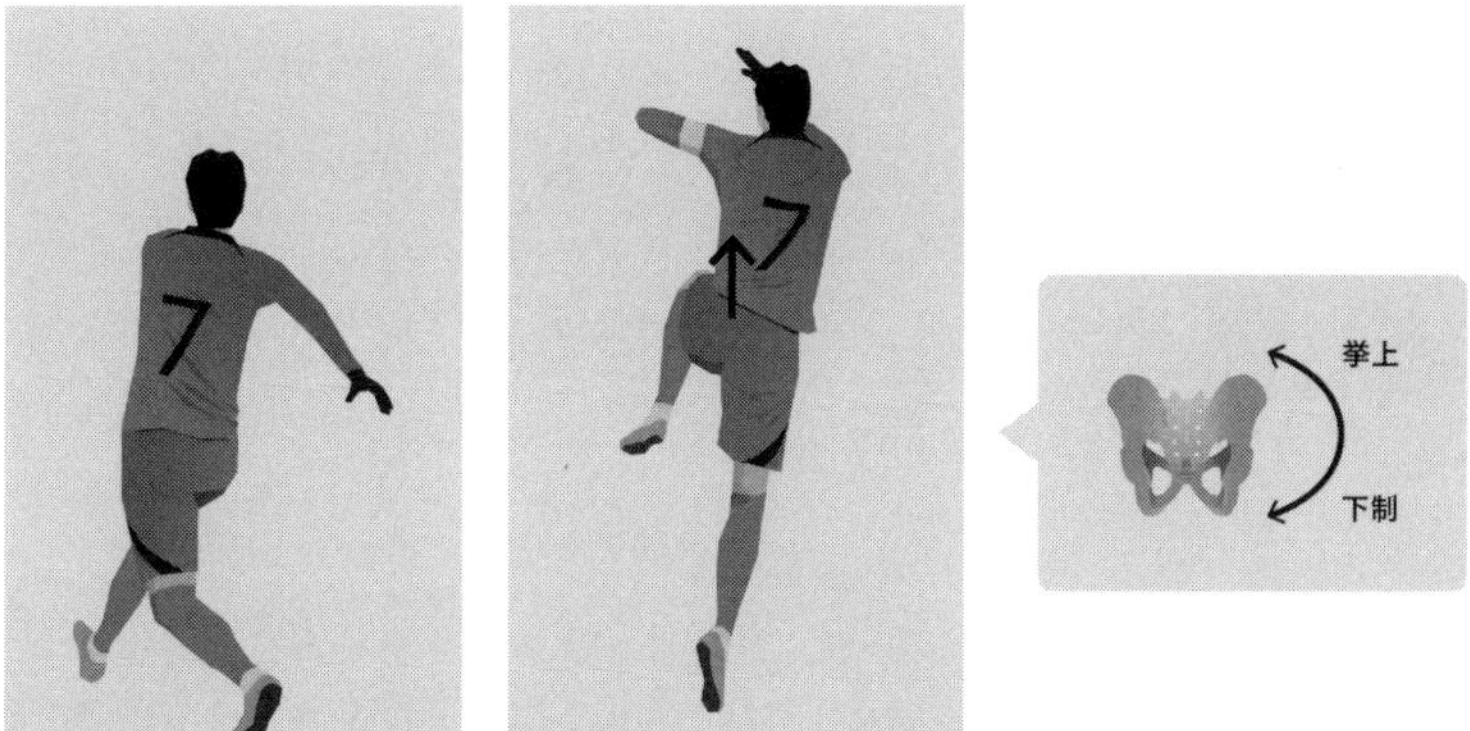

図37　ランニングジャンプ：骨盤の挙上

肉離れや第5中足骨疲労骨折が発生する原因

スプリントで骨盤の回旋や挙上が連動しなくなると上半身と骨盤の位置関係が崩れ、多くは骨盤が前傾しながら身体が前屈して脚が身体の後ろ側で回るような動きになりやすくなります。この動作パターンには骨盤を支えるコア・ユニットの機能不全の影響が大きいことが推測されます（図38）。また、この動作パターンは疲労時にも出現しやすく、かつ大腿後面の筋肉への負担（伸張ストレス）が大きくなるため、サッカー選手に多いハムストリングスの肉離れの原因になるともいわれています。着地時に遊脚側の骨盤が下がる動きも同様で、支持脚の安定性が損なわれることによるパフォーマンスへの影響だけではなく、ハムストリングスの肉離れや、膝、下腿のケガにも繋がりやすいといわれています。

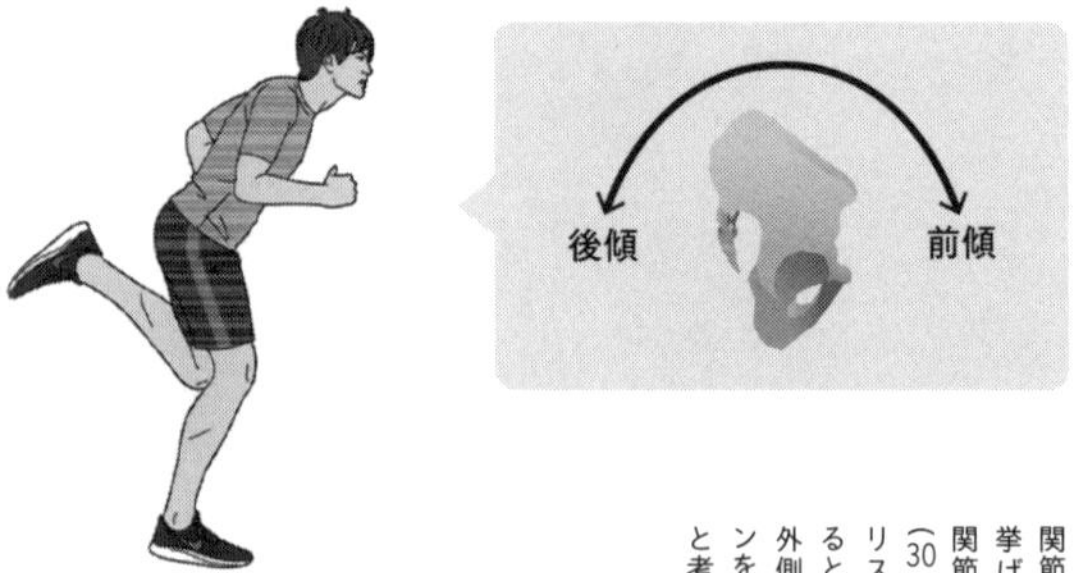

図38　スプリントのフォームの崩れ
（引用元：秋本真吾『一流アスリートがこぞって実践する 最強の走り方』徳間書店、2019年）

第5中足骨疲労骨折
「Jones骨折研究会」では、第5中足骨疲労骨折の予防策として、身体機能では、①外側荷重の是正、②可動域改善（足関節背屈・股関節内旋）、③筋力強化（股関節・足関節・足趾）を挙げている。特に、股関節内旋の可動域制限（30度以下）は発症のリスクファクターであるとし、運動連鎖から外側荷重の動作パターンを誘発しやすくなると考察している。

また、サッカー選手は膝が内反（O脚）している傾向がありますが、着地時に足部の外側への荷重が強くなると、サッカー選手に好発する**第5中足骨疲労骨折**にも繋がるといわれています。方向転換のタイミングにおいても、外脚の着地時に遊脚側の骨盤が下がる動きが出たり、上半身の向きを変える際に骨盤を回旋させる動きが連動しないとロスが大きく、また、バランスを崩した際には膝や足首を捻る動きが出やすくなり、これもケガの発生にも繋がるといわれています。

サッカー選手に必要なさまざまなスプリント

サッカーでは直線的なスプリントは少なく、カーブしたり角度をつけたりするような曲線的なスプリントのほうが多いといわれていますが、その際にも骨盤と連動した動きは重要になります。また、ボールを見ながらプルアウェイする動き

図39　三笘薫選手：曲線的なスプリント

や、相手や状況を見ながらの並走、背走しながらボールの位置を確認するためには、上半身を捻りながらスプリントするスキルも必要になります。前者は三笘選手が縦に突破してから曲線的に内側に切り込む動きが、後者はモハメド・サラー選手がカウンターで後方からのボールを確認しながらスプリントするシーンでイメージがつきやすいと思います（図39、図40）。

また、ショルダーチャージやハンドオフなどのコンタクトをしながら相手選手と並走してスプリントする機会もあります。ネイマール選手がドリブル中に相手選手に脚を引っかけられるシーンですが、前のめりに倒れていきながらも身体の真下に着地して脚の回転を続け、上半身を起こしながらバランスを立て直しています（図41）。この体勢から転ぶか転ばないかでは、その

図40　モハメド・サラー選手：上半身を捻りながらのスプリント

【須佐MEMO】
上半身の機能という意味では、2002年日韓ワールドカップ・グループステージ緒戦の日本対ベルギーの中田英寿選手のプレーも圧巻だった。86分過ぎ、ミドルゾーンで相手選手からバックチャージを受けても中田選手はプレーを続行。バランスを崩され、つんのめって倒れそうになりながらも、顎下に着地点を持ってきて、なおかつ状況の打開を図るべくパスの出しどころを探している様は一流の「バランス能力」だった。結局、もう一人の相手選手のバックチャージで倒れることになったが、流れの中で何とかしようとするプレーを支えたのは「基礎体力」があったからだろう。

後の局面の優位性がかなり変わってくると思います。トップ選手になると、「ヒップヒンジ」の質が高くこのような動きも可能になります。

三笘選手のカットインからのシュートのような斜め前〜横方向への方向転換は、グッと沈み込みながら外脚を接地し、進行方向側にあたる浮いた脚の骨盤が挙上しながら上半身の向きを変え、追従して骨盤が回旋することで、脚が前に振り出される動きになります。三笘選手のようにカットインが鋭い選手は、外脚を

図41 ネイマール選手：「ヒップヒンジ」の動き＋身体の真下へ着地

図42 三笘薫選手：方向転換と歩幅調整能力（カットインからのシュート）

接地した際に爪先が内側（進行方向）を向くという特徴がありますが、この股関節を内旋させる動きが骨盤と連動することで横方向への動きがスムーズになります。また、シュートの歩幅を合わせるため、骨盤の後ろ側が上がるような形で上半身が起き、脚を前さばきに変えることでピッチを上げ、キックの軸足の踏み込みでは歩幅を大きくしてタイミングを合わせています（図42）サッカーは認知からの状況判断が必要となるため、ピッチとストライドを変えながら歩幅とスピードを調整する能力は重要になります。

トレーニングで「**ヒップロック**」という概念が注目されていますが、骨盤と支持脚の安定性は、ドリブルやキックの蹴り足の自由度にも関わってきます。三笘選手は、股関節や膝下がフリー（「膝が下の通り道」）で、ドリブル中、スプリントをする脚の回転に併せ

図43　三笘薫選手：縦方向に広いボールタッチ

ヒップロック

『コンテクチュアルトレーニング』でフラン・ボッシュは、ヒップロックポジションを「遊脚側の骨盤を持ち上げ、わずかに前傾し股関節を内旋させる。骨盤の最終的なポジションで、共収縮がこの部位の受動的組織を最大限保護する」とし、スプリントや片脚ジャンプの動作パターンのカギになる、と説明している。ちょうど、145頁の図34のレヴァンドフスキ選手（左）のような姿勢になる。

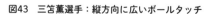

て、身体の真下にあるボールをすくったり、前側にあるボールにタッチしてから素早く脚を下ろしたりと、スピードを落とさずにボールタッチできる範囲が縦方向に広いことが特徴的であるといえます（図43）。鎌田大地選手（現：ラツィオ）は、右脚のアウトサイドで身体の左側にあるボールを切り返したり、反対に右側にあるボールを深い切り返しで内側に持ってきたりと、横方向の奥行きが広いプレーが特徴といえます。

キックと骨盤の動きの関係性

キックする際の骨盤の動かし方は、大きく分けると3パターンになると考えています。強いインステップキックやスピードに乗った状態でのクロスなどの場合では、

❶骨盤の回旋を伴って蹴り足を内側に振り抜く（図44、図45）

図44　キック①：ケヴィン・デ・ブライネ選手
インステップ：骨盤の回旋あり、蹴り足の振り抜き

このキックの場合、身体の中心が回転軸になり、胴体の上部を骨盤と反対方向に捻る必要があるため、背骨や肋骨の動きを伴いながら肩甲骨から腕を振ることが重要になります。ケヴィン・デ・ブライネ選手は肩甲骨が肋骨から剥がれているかのように滑らかに動くので、質の高いキックが可能になります。

❷「❶」と対照的に、インパクト直前で骨盤の回旋を止めて、蹴り足を走らせてインパクトを強くする（図46）

久保建英選手の得意な形であるサイドからカットインしてのシュートは、軸足から蹴り足に重心移動させつつ、身体全体の向きを変えて捻る力を生み出します。ちょうど軸足を浮かせてジャンプし、蹴り足から着地するようなフォームになります。

❸「❷」の延長上の動きで、横方向に流れたボールを捻りながらシュートを打つ場合などで蹴り足についていくような形で身体全体が回転する（図47）

図45　キック①：ケヴィン・デ・ブライネ選手
クロス：骨盤の回旋あり、蹴り足の振り抜き

図46　キック②：久保建英選手
フリーキック：骨盤の回旋を止めて、蹴り足を走らせる

図47　キック③：上田綺世選手
シュート：身体全体が回転する

図48　キック①：ケヴィン・デ・ブライネ選手
シュート：蹴り足の振り抜きと軸足の「起こし回転」

身体の内側ではなく外側にあたる前に回転軸があり、そこを身体が回転するような動きになり、上田綺世選手（現：フェイエノールト）のようないわゆる身体能力が高い選手で多く見られるプレーになります。

軸足の動きは、ボールの置きどころや助走速度や角度、蹴りたい球質で変わってきますが、大別すると、

❶股関節が伸展することで身体が起き上がるように前上方に移動する、いわゆる「起こし回転」の動き（図48）

❷「膝が下の通り道」で膝を曲げたまますねが前に倒れていくことで、身体が水平方向を中心に移動する「膝を抜く」動き（126頁の図31、154頁の図45）

以上の2パターンになると考えています。

❶は身体の真下寄りに置いたボールを強く蹴る、❷はスピードに乗った状態で身体を捻ってサイドからクロスを上げる、キックの際には特に質の高い動きが必要になります。いずれも下半身は固定的ではなく股関節を中心に動きを出す必要があり、軸足は強く踏み込むというより、骨盤から重さを乗せるようなイメージになると良

「起こし回転」
「起こし回転」とは、棒を地面に向かって前方に投げた際に、末端部を支点として回転運動が起こり、棒が前上方に跳ね上がるような動きのことを表している。

いと思います。

蹴り足はテイクバックからインパクト、フォロースルーまで「膝が下の通り道」になることで、身体の重さが乗ったキックになります。「基礎体力」の低い選手は、テイクバックで蹴り足を吊り上げるような形で股関節が外旋（膝の皿が外を向く）し、軸足もガバッと外に崩れ開くような形になり、骨盤の動きが連動していないため身体の重さがうまく乗らないキックになります。

背骨がS字カーブを保ったまま波打つように動く

トップ選手ほど、「スパイナルエンジン」や「コイリングコア」という理論で説明されているような、背骨にうねりやよじれのある動きが顕著になります。背骨全体の動きが肋骨や骨盤と連動すると、動作の効率や大きなエネルギーを生みます。

スプリントの速度が上がるにつれて、**筋肉痛**が出現する部位が腹筋群や脊柱起立筋といった身体の中心に近い部位になってくるといわれており、これらは骨盤や背骨、肋骨が動きに参加している証拠にもなると思います。

筋肉痛
スプリントの能力が高まると、①ふくらはぎ↓②腰部・大腿前面↓③ハムストリングス↓④殿部・前脛骨筋↓⑤中殿筋・内転筋↓⑥腹直筋↓⑦腹横筋・外腹斜筋・内腹斜筋・脊柱起立筋、と筋肉痛の部位が変化してくるとされている。

また、リアクションでの急加速や、ドリブル中に相手選手に後ろから引っ張られたりする際に、コア・ユニットと連動して背骨がS字カーブを保ったまま波打つように動くことで、上半身が煽られずに体勢を立て直しやすくなります。

日本サッカーのレジェンド、中田英寿選手の高校時代のプレー映像を見ると、まだ華奢ながらもプレー中に腹～腰回りが安定していて、骨盤と背骨、肋骨と連動し、腕や脚が大きく動いていました。相手を制しながらの力強いドリブルやスプリントをする片鱗は、この頃からすでに見られていました。20歳でイタリアへ行く頃には筋肉がついて身体が大きくなっていますが、外国人選手にも当たり負けをしない「基礎体力」の土台は、高校時代からあったといえます。

横隔膜が発達しているトップ選手は肋骨の動きも柔軟

コア・ユニットの上側にあたる横隔膜の動きは重要になりますが、多くのアスリートで機能不全を起こしているともいわれています。いわゆる腹圧のコントロールだけではなく、上半身全体の姿勢に影響するといわれ、横隔膜が収縮して下がらないと、腰を反りながら骨盤が前傾し、肋骨と肩が上がる、という背骨のS字カーブが崩れた**不良姿勢**を誘発するといわれています。

呼吸においても重要な筋肉で、横隔膜が発達しているトップ選手は肋骨の動きにも柔軟性があります。肋骨や背骨の柔軟性を改善するエクササイズは数多くありますが、普段から深い呼吸をすることが習慣となることで、肋骨が大きく膨らむ↕縮まる動きの反復で肋間や背骨回りの筋肉の収縮が促され、自然にほぐれて柔軟性が保たれるのが理想的だと考えています。鼻から息を大きく吸ったときに肋骨の後ろ側までしっかり膨らませられるようであれば、横隔膜はしっかり収縮しているといえると思います。また、下腹部までしっかり膨らむようになると、コア・ユニットが機能しやすくなり、精神面の安定にも繋がるといわれています。

横隔膜は、ちょうど呼吸循環器と消化器の間にあり、収縮するとその間を上下に動く形になるので、**内臓**のマッサージ効果やポジショニングにも影響するといわれています。私は腸「外」環境と表現していますが、腹~腰回りのゾーンが広くなると、胃や腸といった消化器がある腹腔が外側から圧迫されなくなるので、消化機能が促通される印象があります。コア・ユニットの機能向上に並行して、食事がたくさん食べられるようになり便通が良くなった、という話をする選手は多く見られま

不良姿勢
横隔膜が機能している姿勢では、横隔膜と骨盤底筋のラインを横から見たときに並行になるとされているが、それらの軸が傾いて身体の後方で交差してしまうような不良姿勢は、ハサミを模して「オープンシザース」と呼ばれている。

内臓
武道・武術の達人は横隔膜の機能が高く自由自在に収縮させられるため、内臓の重さを落とす動きも技に参加させられるといわれている。サッカーのトップ選手も同様で、その動きをバネの質の高さに繋げているのではないかと考察している。

した。さらには情動にも影響を受けるとされており、精神的な緊張状態や対人ストレスが続くと上半身が固まり、機能が下がりやすいともいわれています。

以上から、横隔膜はリカバリーの柱になる動作の効率性や、安静時や睡眠時の呼吸、食事の消化、精神面にも影響する重要な機能を担っているといえます。

みぞおちから上の胴体部分の重さを動作に参加させる

横隔膜より上にあたる、みぞおちから上の胴体部分の重さを動作に参加させられることも、トップ選手の特徴といえます。

伊東純也選手のプレーを例にとると、サイドからクロスを上げるシーンでは、インパクトでみぞおちの前に胸を乗せた状態でグッと下方向に圧をかけることで、蹴り足に上半身の重さが乗ります（図49）。また、ドリブルで再加速する際には、ボールタッチした脚を下ろして着地するタイミングで、腕を振り下ろす動きと併せて同様にグッと圧をかけることで、地面からの反発を大きくします（図50）。**カットイン**では、グッと沈み込んだ際に脇が下がる動きが出て、外脚に重さが乗る形になりま

カットイン
三笘薫選手のカットインは、伊東純也選手と異なり脇が下がる動きが大きく出ないが、進行方向側の骨盤が挙上する（≒下制しない）ことで外脚側にしっかり身体の重さが乗る（117頁の図26参照）。沈み込みが深く、骨盤の上下方向の動きが連動する三笘選手のほうが、方向転換時の切れの鋭さや角度変化が大きいプレースタイルになる。対して伊東選手は、骨盤の回旋を連動させてピッチを上げるタイプで、スプリントでは初速より加速してからの速さが特徴的になる。また、サイドからのクロスでは、歩幅を調整して軸足の「膝を抜く」＋骨盤の回旋＋蹴り足を内側に振り抜く動きができるため、スピードに乗った状態でも質の高いボールを上げられる。

図49　伊東純也選手：みぞおちの前に胸を乗せる①クロス

図50　伊東純也選手：みぞおちの前に胸を乗せる②再加速

図51　伊東純也選手：脇が下がる

図52　伊東純也選手：腕振り＋脇が下がる

す（**図51**）。スプリントでは、脚の着地時に腕を前に振る動きに併せて同側の脇が下がります。この動きが左右で反復され、みぞおちから上の部分の重さがヤジロベエのように左右にゆらゆら動いているような感じになります（**図52**）。コア・ユニットが機能した状態で上半身を左右にゆすする動きは、シザースなどのフェイントでも見られます。

サッカーでは、ヘディングで首を固定したり、認知や状況判断で目線に合わせて首を振ったりする機会も多くなります。その土台となる、みぞおちから上の肋骨や背骨回りの柔軟性も重要になります。

首をフリーで動かすためには、頭が背骨のS字カーブの並びの上に乗っていることが重要ですが、頭が前に下がって固定されている状態が続くと、背骨や肋骨だけではなく、肩甲骨の動きが固まり、肩が内側に捻れてくる、という悪循環が生まれ、いわゆる「腕が使えない」選手に特有の**不良姿勢（猫背）**になりやすくなります。そうなると、肩・肘が力んで上がる動きが習慣化され、胴体全体が硬直化して固まってきやすくなります。サッカーはボールタッチや守備対応などで頭を下げるシーンも多いので、みぞおちから上の柔軟性を改善、維持していくことはとても重要になります。

不良姿勢（猫背）
頭の重さは体重の8〜10％程度あるため、背骨の並びからズレて前方に位置すると、頸椎や首〜肩、肩甲骨回りの筋肉への負担が増えていくといわれている。「スマホ首」と呼ばれる不良姿勢も、この状態にあたると考えている。

ウエートトレーニングの前に上半身の「基礎体力」向上を

頭の位置が良くなってくると、肩甲骨の機能も上がり、肩関節はクルッと外旋して肘の折り目が前を向くようになり、肩・肘が下がるようになっていきます。連動して前腕の回旋がスムーズになり、肩・肘が力んで上がることなくプレーに応じて手のひらの向きを変えられるようになることで、前述の「肘が下の通り道」での腕の動きになっていきます。また、手や指先に繋がる筋肉は肘から走ってきており、腕全体の連動性を作るためには、指先まで感覚があることは重要になります。指先の筋肉までしっかり鍛えると、握る力やグリップが安定してくるので、ウエートトレーニングでシャフトやプレート、重錘を持って行うエクササイズの効果も上がっていきます。

ウエートトレーニングでシャフトを持つ動作をすると、内田篤人選手のような「基礎体力」の高い選手は肩甲骨と肩・肘がきれいに下がった「肘が下」の動きになります（**図53**）。この「基礎体力」がある選手がスクワット系やクリーン系の動作をすると、コア・ユニットと連動して殿部や太腿の付け根側といった重要な部分に

頭の位置
頭の位置が良い選手ほど、首回りの無駄な力みが抜け、胸の付け根にある胸鎖関節が滑らかに動くようになり、肩甲骨に鎖骨の動きが連動しやすくなる。

適切な刺激が入りやすくなります。

反対に、肩・肘が力んで上がってしまう「重さ負け」をしている選手は、コア・ユニットが機能しづらく、腰や太腿の前側、特に膝の上の筋肉が力んでしまう「踏ん張る」動きになります。これはシャフトを背中に担ぐ動きでも同様になります。ウエートトレーニングの効果に、握り方を含めた腕の使い方はかなり影響してくる印象があります。若い年代から積極的にウエートトレーニングを実施したいのであれば、可能であれば、あらかじめ上半身の「基礎体力」をしっかり作る必要があると考えています。

図53　ウエートトレーニング：
「肘が下」と「肩・肘が力んで上がる」

COLUMN

須佐の眼

「骨盤と肩甲骨のリズム」「前傾姿勢（上体の前屈）」「胸の入れ替え」

「骨盤と背骨〜肋骨、肩甲骨が連動した動き」＝「骨盤と肩甲骨のリズム」

「骨盤と背骨〜肋骨、肩甲骨が連動した動き」というのは、小山裕史氏の言うところの「骨盤前傾」姿勢と力感のない自然体が、バランスの良い動きを作っていくことが前提にあって、「骨盤と肩甲骨のリズム」を連想させます。では、小山裕史『初動負荷理論による野球トレーニング革命』（ベースボール・マガジン社、１９９９年）からそれぞれの動きを拾ってみましょう。

■投球動作

コッキングアップ（肘の引き上げ）前、前方向へ回転する身体に対して前進する軸足に加わる反作用に軸足が踏み応え、腰方形筋、脊柱起立筋、内・外斜腹筋、回旋筋によって上体が回転します。さらに、コッキングアップでの高さを求める力は、自然と脚の移動に伴う上体の回転と反作用の力、回転する力、引き上げ動作に働く力を利用して（外腹斜筋、三角筋、前鋸筋、僧帽筋が働き）、肘が「引き上がって」いきます。

つまり、下半身–上半身–肩関節–肘の引き上げへ向かう一連の動作は、脚の振り上げによる重心高の位置エネルギーから前記の動きを生む運動エネルギーへの転換が行われ、次々と連動して稼働する身体部位への力の伝達が実現されます。このように骨盤と肩甲骨はそれぞれ遠位にありながら、以上のようにその動きは連動・連結しており、それを小山氏は「骨盤と肩甲骨のリズム」と呼んでいます。

その際、肘を「引き上げる」のではなく、肘が「引き上がって」いくためには、柔軟性に富んだ肩関節および筋の弾力性（それぞれに発生する「強制伸張」に耐えうる）があることを前提としていますが、そのような意味でも上半身の「基礎体力」の向上が求められると考えます。

■ランニング動作

例えば、着地時（平行・2点着地&フラット着地）、股関節の動作は肩甲帯の動きによって制御されているとみて、つまり着地と同時に身体重心は移動しバランスを崩します→このアンバランスな修正で逆脚が振り出されます。その際、着地後の股関節を閉める動作（内旋）および骨盤の左右の高さの変位（骨盤挙上か）は側方回転（骨盤回旋か）になるのに対し、上半身も固定されるのではなく、腹直筋、外腹斜筋、前鋸筋、広背筋などの動きを伴い、肩甲帯の伸展によってバランスをとり、さらにその着地後の足関節の回内動作（爪先が内側、踵が外側を向く動作）が出現し、このとき肩甲帯の伸展と手関節（手首）の回内動作がマッチすると、体幹部は押されるように前方に移動します。これが「骨盤と肩甲骨のリズム」であると小山氏は述べています。

ちなみに遊脚側の膝を高く上げるのではなく、骨盤が前方回転＝前傾し、重心が移動すれば、反射と腸腰筋の作用で膝は自然と上がるのであって、強制的に膝を上げようとすると、腸腰筋、大腿直筋、腹筋に通う力みが生じ、骨盤は下方回転し、移動距離は出ずに、脊柱（上体）は折れ曲がり、上半身の力み、肩、腕の緊張により脚の動きも制限されます。これも股関節の動きと肩甲帯の動きのマイナスの連動性を示すものとして捉えられています。

「BMLトレーニング」も同じで、例えばスミス・マシーン・スクワットでの「股関節伸展」動作で骨盤が前方に移動し、そのとき脊柱起立筋、広背筋の作用により適正なアーチが作られ、体幹の角度を保持し、下半身‐体幹へと負荷と力が伝わり、かなり重い重量でも空中に弾き出されるように力が伝達されていきます。つまり、肩甲骨が伸展することで背筋のストレスは除かれつつ、骨盤前傾と肩甲帯の伸展がシンクロナイズすることで大きな力が生み出されると見做しています。これも「骨盤と肩甲骨のリズム」を表す例といえるでしょう。

また、荒木秀夫氏の「コォーディネーショントレーニング」における、

- **両足幅を肩幅で立ち、上体を腰から首にかけて真っ直ぐにして（頭部は床に対して垂直にする）、肩**

と骨盤を左右反対方向に交互に傾ける「くの字運動」

・胸を中心にして、体幹内での上下（肩と腰）の動きを連動させる＝胸・肩を先行させ、あとから腹・腰が追いかけるようにして左右に揺らす「Sの字運動」

これらも「骨盤と肩甲骨のリズム」を誘発させるトレーニングで、「基礎体力」を向上させるのではないでしょうか。

まずい「前傾姿勢」あるいは「上体の前屈」姿勢

112頁の「くの字のフォーム」をもう少し追求していきましょう。

・上半身の姿勢が崩れると、身体の重さが乗せられずに地面からの反力をうまくもらえない動きになってしまい、上半身が前屈して身体の前側に踵から着地すること

・スプリントで骨盤の回旋や挙上が連動しなくなると、上半身と骨盤の位置関係が崩れ、多くは骨盤が前傾しながら身体が前屈して脚が身体の後ろ側で回るような動きになりやすくなること

これは、小山氏の言うところの「骨盤前傾」姿勢とは違い、「力が『逃げる』前傾姿勢」で、「前方に進む力が下半身から後方に抜けてしまう『前傾姿勢』の走り。膝に負担がかかるため、故障の原因にもなる」ということです（原田康弘『このトレーニングで速く走れる』日本文芸社、2007年、19頁）。

したがって、このフォームはむしろ「上体の前屈」姿勢といってもいいかもしれません。

「みぞおちの前に胸を乗せた状態」＝「胸の入れ替え」

160頁の「みぞおちの前に胸を乗せた状態」というのは、小山氏の言う「胸の入れ替え」と似ています。

「ナンバ」＝同側側の手足が同時に出る歩き・走りのように見間違うのは、右脚が出るときに右腕が出るのではなく、左胸が出ていたのを右胸と入れ替え、その際、右腕は後方に振られるのを見間違ったものと考えられます。

いいランニング動作では重心の真下近くに片方の脚を着地する瞬間、逆の遊脚側が（着地の瞬間に遅れずに）追い抜いていきますが、その際、胴体＝体幹も同時に骨盤の上に乗っていきます。つまり、そのためには胸が先行的に出ていくということの「胸の入れ替え」が行われるものと考えられます（小山裕史『「奇跡」のトレーニング』講談社、2004年、73〜75頁）。

6章

FOOTBALL / PHYSICAL / PLAYMODEL

▼「基礎体力」のトレーニングは何歳から?

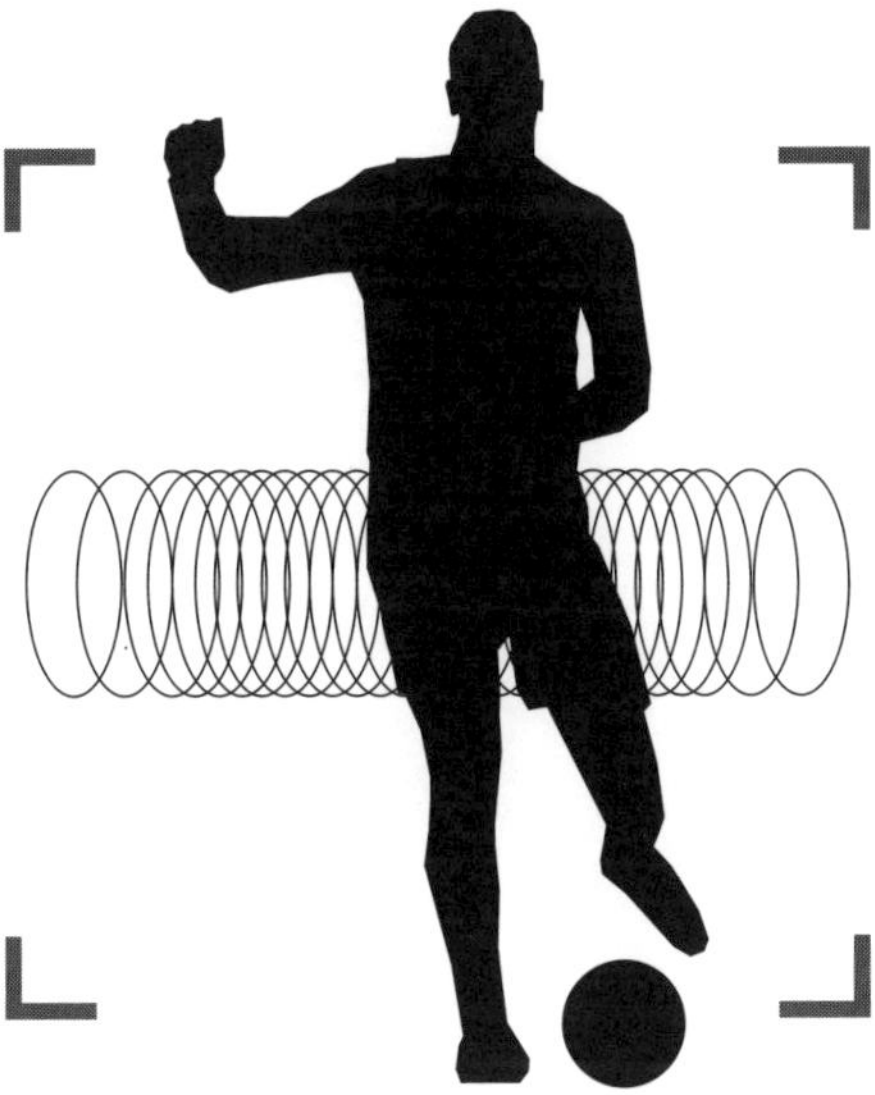

6章 「基礎体力」のトレーニングは何歳から？

上半身の動きに癖が出始めるのはU－14

肩・肘が力んで上がる、腰を反って固める、鼠径部を締める、というような上半身の動きの癖が、いつ頃から出始めるのかを知りたいと思い、私なりに分析していた時期がありました。

育成年代のトレーニングを見学させていただいた際に、U－13までは自然な動きをしている選手が多いのですが、U－14になると、前述した姿勢の傾向が出始め、U－15になるとその割合が多くなることに気づきました。

考察してみると、U－14は心身に大きな変化が出る**時期**になります。

多くの選手で身長が大きく伸びるＰＨＶ（Peak Height Velocity）の前後にあたり、体

時期
筋力だけでなく、筋断面積や除脂肪体重量、有酸素性持久力、間欠的運動能力、スプリントなど、サッカー選手に必要な体力要素が大きく向上する時期であるとされている。

格が大きくなることに並行して筋力も強くなります。また、思春期後期に特有の心理的な難しさが出てくるタイミングでもあります。

サッカー指導者の岩瀬健氏（現：モンテディオ山形コーチ）は、著書の『サッカー指導者は伝え方で決まる』（カンゼン、2022年）で、「（中略）どの年代の指導者も重要であることが前提になりますが、サッカー選手にとってカギになるのは中学校2年生だと思います。ですから、もし僕が決められるのであれば、U－14の年代の指導には一番重要な人材を揃えたいと思います」との見解を示しており、同様の考えを持っている育成年代の指導者や教育関係の方も多いと思います。

また、身体作りへの興味が出てきて、フィジカルコーチやトレーナーによるフィジカルトレーニングの積極的な介入が始まる時期でもあると思います。エクササイズやプレー中に「姿勢を意識！」「背中を真っ直ぐ伸ばす！」という指示を受けると、S字カーブのままスッと伸ばしたり、「ヒップヒンジ」で上半身の傾きを変えたりする動きではなく、背骨を反らせて固めながら姿勢を変えてしまう選手が多く、これらの癖がついていきやすい印象があります。また、「体幹が強い」ということを、背骨を真っ直ぐにして胴体全体を固める、というイメージを持っている場合もこれらを助長する感じがあります。

非効率なランニングフォームが定着する理由

Jリーグクラブのジュニアユース年代を対象にした研究によると、U―14まではスプリントの初速は、体格と筋力の向上に伴うストライドの大きさが影響しており、U―15になるとサッカー競技に適応するような形で、ピッチが高い動きをしている選手のパフォーマンスが高くなる、と報告しています。

ピッチを上げるためには短い時間で地面に大きな力を加える必要がありますが、ここでもコア・ユニットの機能や上半身の姿勢は重要になってくると思います。高校生年代以降でのスプリントのタイムの向上は限定的になるとの報告がありますが、プレーや局面の強度が上がってくるU―14～15年代での高強度ランニングの反復により、非効率なランニングフォームが定着してしまうケースがあるのではないかと私は考察しています。ただし、私の経験では、大学生年代でもしっかりトレーニングを積めばスプリントのタイムは改善し

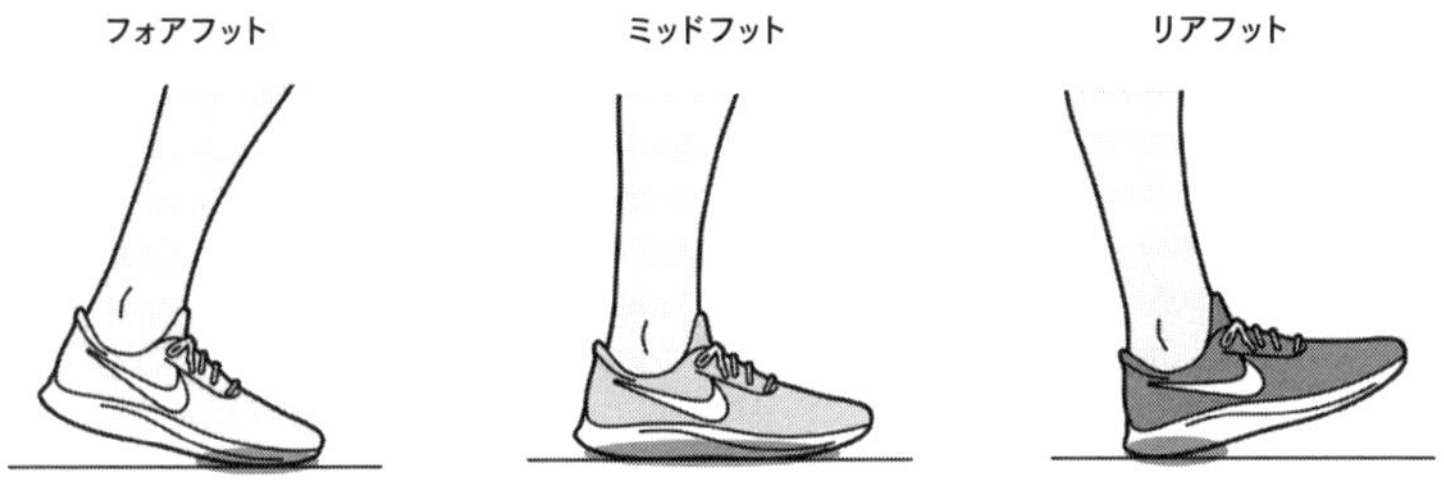

図54　スプリントでの足の接地パターン
（引用元：秋本真吾『一流アスリートがこぞって実践する 最強の走り方』徳間書店、2019年）

ていく印象はあります。

また、JFAのフィジカルフィットネスプロジェクトでの育成年代を対象としたランニングの動作分析によると、方向転換の速さにはスプリントでの足の接地パターン（フォアフット、ミッドフット、リアフット）も影響してくるとされており、横断的に観察していくことで選手のパフォーマンスやキャリアがどのように経過していくのかも含めて私も注目しています（図54）。

スポーツ動作の反復が一因とされるFAI

U−14になると、オスグッド・シュラッター病などの成長痛から成人選手に近いタイプのケガが多く出現してくるといわれています。私が医学的なトピックで注目していることに、大腿骨寛骨臼インピンジメント（FAI：Femoro Asetabular Impingement）と呼ばれる、股関節を動かした際に大腿骨頭（球）と寛骨臼（受け

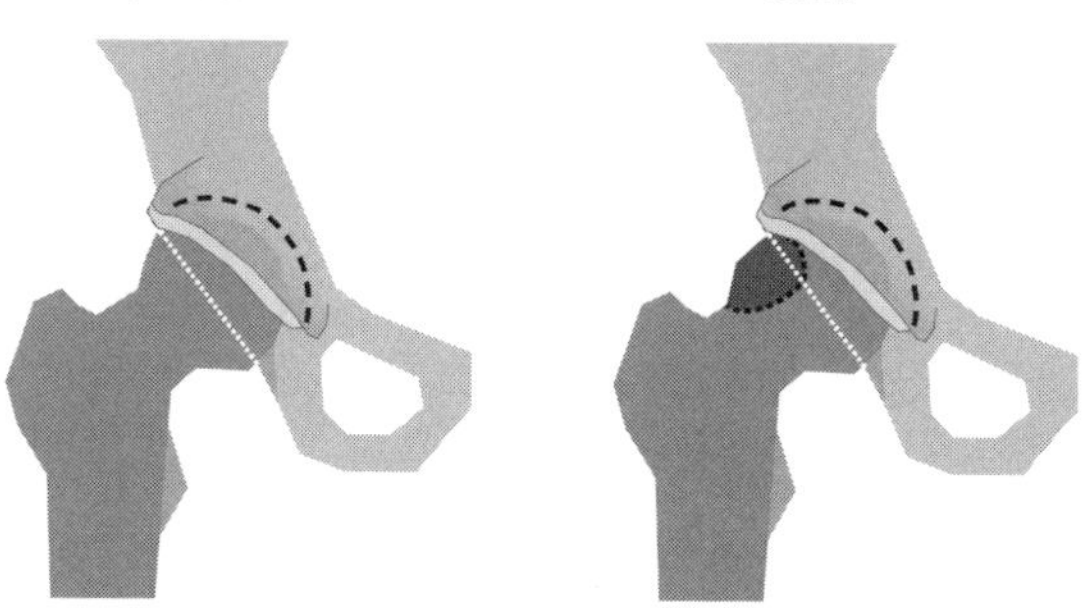

図55　大腿骨寛骨臼インピンジメント：CAM変形

皿）が衝突する現象があります（図55）。

その中で、CAM変形という大腿骨頭の上側にあたる部分が膨隆してくるような変化があり、この変形が大きいと構造的に衝突が生じやすくなるといわれています。日本と海外の報告を見ると、その出現頻度は14歳くらいから増えてくるとされており、出現する原因はまだはっきりわかっていませんが、一般人と比較してサッカーを含めたアスリートの出現割合が圧倒的に多いことから、スポーツ動作の反復が一因であるといわれています。鼠径部や股関節の痛み、また長期的には股関節の変形の原因になるといわれていますが、この形状変化があっても、**無症候性**といってほとんどの選手が痛みを訴えるわけではありません。

ただし、構造的に股関節の可動域制限ができやすくなるといわれています。股関節を深く曲げる動きをする際に骨盤の後傾が連動することに加えて、この膨隆部分を切除すると可動域が増えることから、鼠径部や股関節痛のリハビリテーションではコア・ユニットの機能改善と骨盤と股関節の連動した動きの獲得が重要であるとされています。また、4章で「弾むバネ」「沈むバネ」と上半身の姿勢の関係性は説明しましたが、股関節の噛み合わせ部分の滑らかな動きが少なくなれば、荷重時に関節への負担が増えることは容易に想像できます。今後は、研究が進み若い年代での予

無症候性

プロサッカー選手のメディカルチェックに関する報告でも、6~90%といった高率でCAM変形を有するとされているが、シーズンを通して鼠径部痛や股関節痛を訴える選手は少ないとされている。

防法が出てくる可能性のある分野になります。

この形状変化がある選手は、構造的に股関節の可動域制限ができやすくなってしまいます。股関節の重要性は前述した通りで、わずかな可動域制限でもパフォーマンスに大きな影響を及ぼす印象があります。臨床においては、特に股関節を曲げながら内側（屈曲+内転・内旋）に入れる動きで鼠径部の詰まり感を訴えるサッカー選手が多い印象があります。

キックの名手は骨盤を動かす↔止める蹴り方を使い分ける

キックでいえば、フォロースルーで蹴り足を内側に振り抜いた形と同様の動きになります（図56）。育成年代のプレーを見ると、上半身の捻りに併せて、この骨

図56　ケヴィン・デ・ブライネ選手：蹴り足を内側に振り抜く

盤と脚の連動した動きができる「基礎体力」が足りないため、骨盤の回旋を止めるタイプのキックのみになる選手が多いように感じます。

キックの名手と呼ばれる選手は、骨盤を動かす↕止める蹴り方の使い分けができ、またキャリアを重ねることで起こる身体の変化に合わせて、蹴り方を調整している印象があります。同じ骨盤を止めるキックでも、中村俊輔選手（現：横浜ＦＣコーチ）や遠藤保仁選手（現：ガンバ大阪コーチ）は蹴り足の自由度が高く（「膝が下の通り道」）、股関節を外旋した状態でグイッと曲げることで、鋭い縦回転のボールを蹴ることができます。また、名波浩選手（現：日本代表コーチ）は、ボールに対して真っ直ぐ入る助走から、骨盤の回旋に併せて蹴り足をスパーンと内側に振り抜いたインステップキックを蹴ることができるのが印象的でした。ケヴィン・デ・ブライネ選手のインステップキックやインフロントキック、フィルジル・ファン・ダイク選手のインサイドキックのように、骨盤の回転と連動した蹴り足を振り抜けるキックを持つことは理想的だと考えています（図57）。

キックは、フォームを意識することのみで改善するのは難しい場合も多く、また必要な可動域や筋力が足りない状態で力感の強い動作を反復すると、ケガの原因になる可能性もあり、コア・ユニットを中心とした「基礎体力」の改善が必要になる

図57　フィルジル・ファン・ダイク選手：両脚とも振り抜けるインサイドキック

と思います。また、骨盤の回旋が連動する動きは、スプリントや方向転換の速い選手の動きの特徴でもあり、肩甲骨や腕を含めた上半身の動きも必要になるため、「基礎体力」を改善しながらキックの技術を洗練化していく中で、サッカーのプレー全般に好影響をもたらす可能性があります。

大学生に見られる「クラムジー後遺症」

また、U―14はクラムジーと呼ばれる、身体の感覚の変化や柔軟性の低下により、思うように運動やプレーができなくなる現象が出現しやすい時期でもあります。身長が伸びた選手で起こりやすいとされ、練習内容や負荷のコントロール、腕や脚を協調させて身体を大きく動かすような運動が有効とされており、多くは長くても1～2年で終了するといわれています。

ただし、私が大学生を見ていて、「クラムジー後遺症」とでもいうべき、改善したというより姿勢の悪い状態で全身のコーディネートが定着してしまった、というケースもあるのではないかと考えていました。細身で高身長の選手に多いといわれていますが、前述した「基礎体力」が低い選手の特徴である、胴体部分が硬く、腕が吊り上がっている姿勢になっていることが見受けられます（図58）。クラムジーがあったと思われる選手は、以降の育成でも「基礎体力」を改善していくことが必要になってくると考えています。

図58　胴体部分が硬く、腕が吊り上がっている

「重さ負け」する場合は「基礎体力」の向上を優先的に

「基礎体力」のトレーニングは、一般的な**トレーナビリティ**やJFAが出している方針（筋持久力、自重のエクササイズを15～20回反復）とも合っているので、U－14を中心とした中学生年代から介入するとよいのではないかと考えています。小学生の選手でも、姿勢の良さやバネが重要だと理解してもらうのは大切だと考えています。沈む動きは、2人組にしてパワーポジションを取らせて、「相方が後ろから座骨の部分を下から支えるように両手を置き、ここにしっかり体重を乗せた状態で足踏みして

トレーナビリティ
トレーナビリティとは「訓練によって能力が上がる可能性」のことで、スポーツにおいては発育・発達段階におけるトレーニングを行うことによって現れる身体の反応性のことを指す。長期的な視点に立ったスポーツ選手育成法「Long-term Athlete Development: LTAD」モデルは各種トレーニングに最適な時期の体系化を目指す考え方になる。

みて」と言うと、「おおお！　姿勢が崩れない！　動きやすい！」といった感じで理解してもらえます。

また、筋・骨格的に成熟を迎える高校生や大学生年代では、ウエートトレーニングやプライオメトリクス要素の含んだジャンプ系エクササイズなど、最大筋力やパワー系の向上を狙ったトレーニングが推奨されています。しかしながら、「重さ負け」があればあるほど、狙った効果が得られにくくなる印象があります。その場合、自重系のエクササイズを楽に反復できるような「基礎体力」を優先して作ってからのほうが、トレーニング効果が上がりやすい印象があります。大学生年代でも「基礎体力」がしっかりしていないと20歳くらいでパフォーマンスが頭打ち、もしくは、なだらかに低下していきやすい印象があるため、その場合は大学1～2年生くらいまではじっくり「基礎体力」作りに徹してもよいのではないかと考えています。

女子選手は、男子選手に比べて、骨盤が横に長く、また、座骨間が広い形状になっているのが特徴で、また肩幅も狭いので、ちょうど上半身が座骨間にスポッとはまりやすい形態になっている特徴があります。沈む動きを改善していくことで、パフォーマンスの向上やケガの予防にも繋がるのでは、という期待感を持っています。

また、サッカー選手に多い膝前十字靭帯損傷や半月板損傷の術後などの長期離脱の選手でも、上半身の「基礎体力」を上げることは、リハビリテーションで下半身の負荷が増えていく段階での動作の獲得をスムーズにします。結果的に、復帰してからのパフォーマンスにも大きな影響を与えるでしょう。長期離脱の期間は本当につらく不安だと思いますが、ケガを機に飛躍したケースを私は何度も経験しています。

COLUMN

「基礎体力」の観戦術

選手の裸を見られる機会は3パターンある!!

試合開始120分前に選手やスタッフが乗ったバスが到着し、会場に入ります。大抵のチームは80～60分前くらいになるとミーティングがありますが、その前まで選手が各自で身体の準備をしています。現在、各クラブの動画サイト「Inside Story」などで、選手が準備しているシーンを発信していることがあります。ストレッチ系や体幹エクササイズが中心となりますが、選手が何をしていて、どのような質感の動きになるか注目してみてください。サッカーをしている読者の皆さんが、自分で同じエクササイズをしてみて、動画を撮って見比べてみることは、とても重要なことだと考えています。

試合の50～40分前になると、ピッチ内でのウオーミングアップが始まります。初めに、「基礎体力」が高く、サッカー選手で一番アスリート感のある、GKが出てきます。重心のスッと下がった美しい構えから繰り出される、バネのあるジャンプやセービング、ロングキックに注目してみてください。

その後、フィールドプレーヤーが出てきます。ダイナミックストレッチでは、トップ選手ほど背骨や肋骨、肩甲骨、骨盤が連動してしなやかに動いています。ステップやアジリティでの姿勢も良く、減速～加速、方向転換もスムーズだと思います。試合中のリザーブ選手のウォーミングアップでも、同様の点に注目するとよいでしょう。

入場シーンの歩きと整列での立ち姿でも、トップ選手ほど上半身がスッと伸びた良い姿勢をしていると思います。

試合中の「弾むバネ」は、スプリントは直線的だけではなく、曲がりながらや角度をつけた動きを多くしていることがわかると思います。また、トップ選手ほどドリブルしながらでもスピードが落ちず、また、ストライドやピッチを自在に変えることで、スムーズに歩幅を調整しています。

「沈むバネ」は、まずは1対1の局面に注目してみてください。オフェンスは、スッと沈んでからの加速やキュッという切り返し、ディフェンスはトップ選手ほどリアクションでも姿勢が崩れず、特に後ろ向きに走りながら反転するのがとても上手だと思います。球際で華麗に交わすシーンや、ドンッとぶつかるコンタクトでも、姿勢と沈む動きの質が勝負を分けています。また、ギュンと急加速できる選手は、沈みながらタタタッと急減速する、ということがセットでできています。

「しなるバネ」は、何といってもヘディングでの空中戦です。GKを交えた、大柄でバネのある選手の迫力ある競り合いに注目してみてください。スプリントで後方からのボールを見ながらの華麗な胸トラップや、ロングスローでも質の高いしなる動きが出ます。

選手の裸を見られる機会は3パターンあります。1つは得点後、歓喜のあまりユニフォームを脱いでしまう（警告対象ですが……）、2つ目は試合後のユニフォーム交換、3つ目はSNSなどで発信される、ロッカールームやバカンスなどでの写真になります。背骨のS字カーブや腹～腰回り、下腹部の発達に注目してみてください。

選手のトレーニングでは、上半身の「基礎体力」は、腕立て伏せと懸垂をリラックスした良い姿勢で楽々と反復できているかどうかを見ると一番よくわかります。下半身は、スクワットや四股、伸脚をすると、上半身の重さが骨盤（座骨）にしっかり乗っていて、下半身が力んで踏ん張ることなく力感のない動きになります。

FOOTBALL / PHYSICAL / PLAYMODEL

▼エクササイズ集

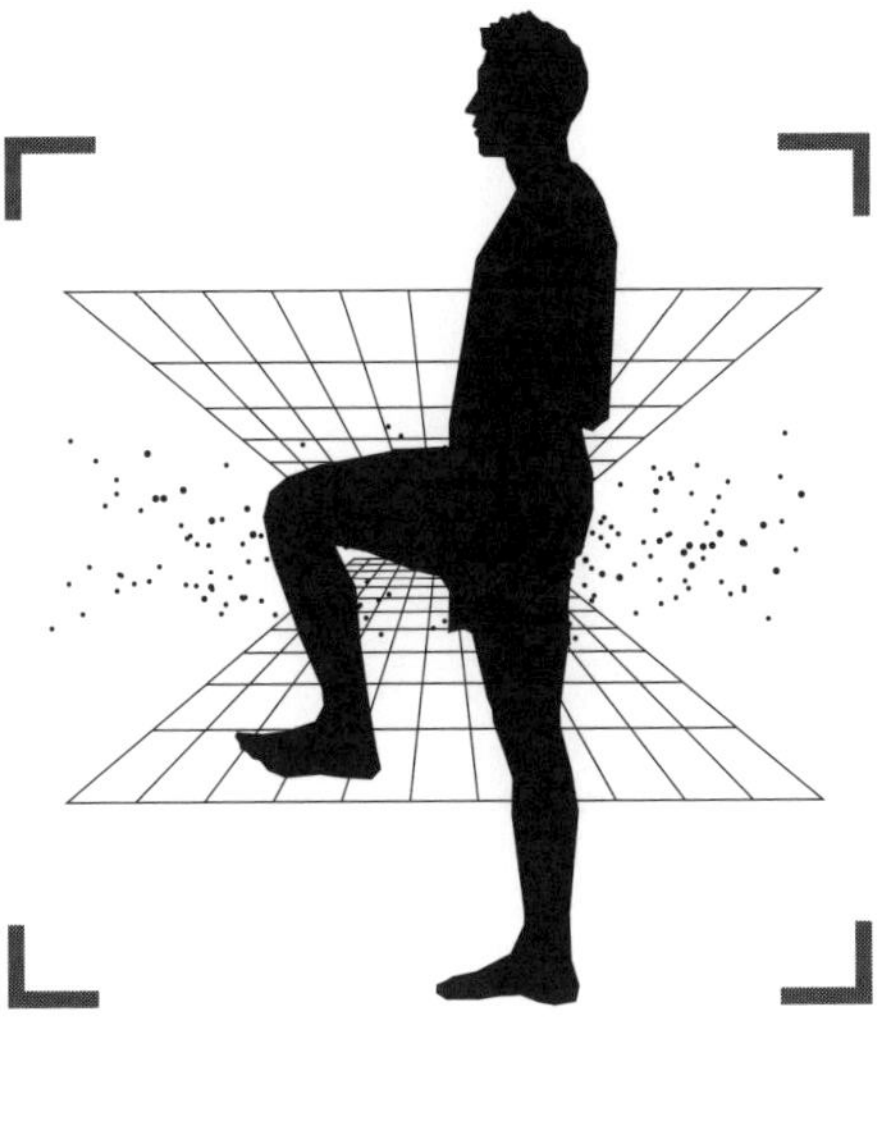

「基礎体力」を作るための
Top 主原則（メイン）
Satellite 準原則（サポート）

原理原則

Top
- 背骨フリー
- 腹～腰回りを広く
- 「肘が下」／指先から
- 「膝が下」／踵で押す
- 鼠径部を締めない

Satellite
- 胸椎下側のカーブ
- みぞおちの前に胸を乗せる
- 骨盤の後ろ側を上げる
- 股関節から折り畳む

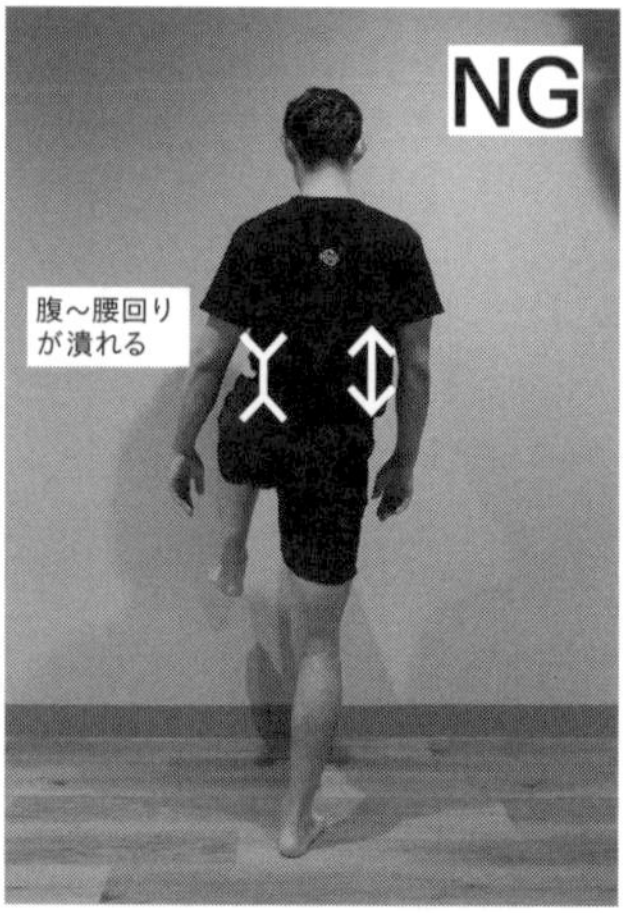

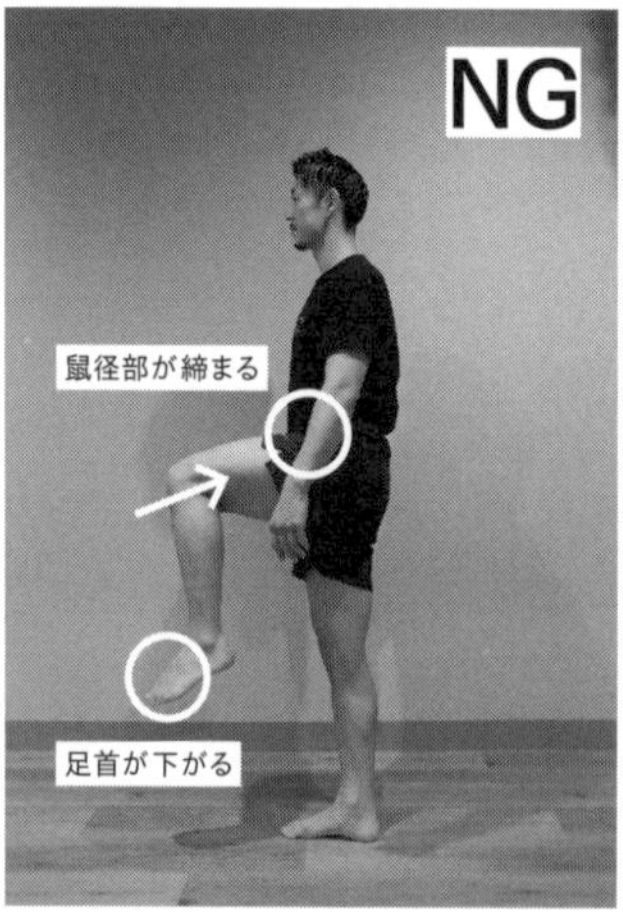

弾む系：腹筋エクササイズ

1

1 ベースポジション

弾む

動作の優先順位

❶ 全身が連動する姿勢

▼

❷ 身体の重さを使う

▼

❸ バネ感

▼

❹ 筋力

① 動作に必要な最小限
② タイミングよく
③ 付け根側から収縮

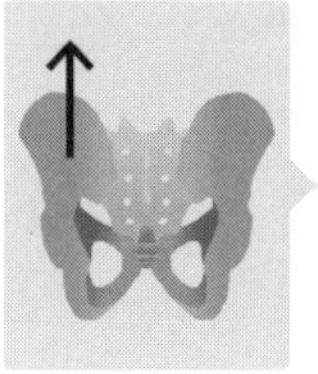

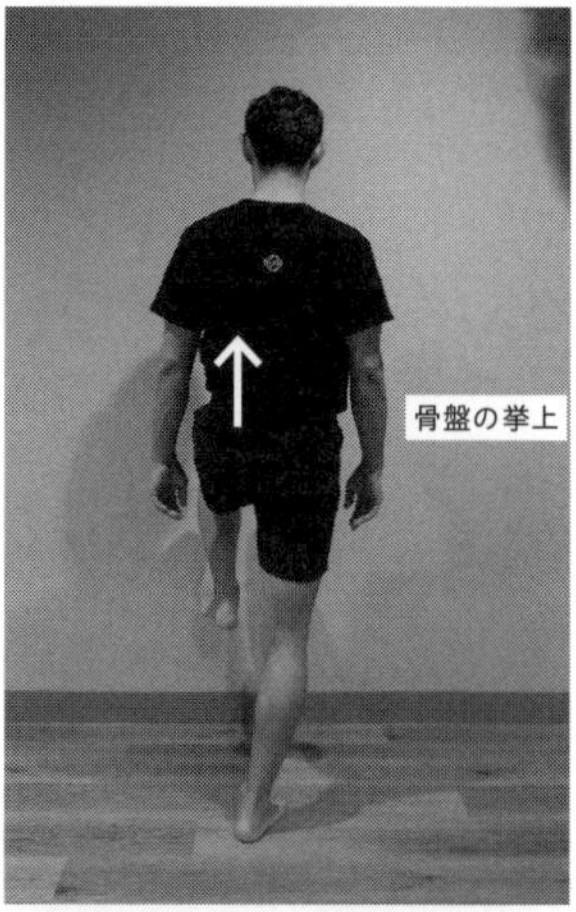

脚の入れ替え

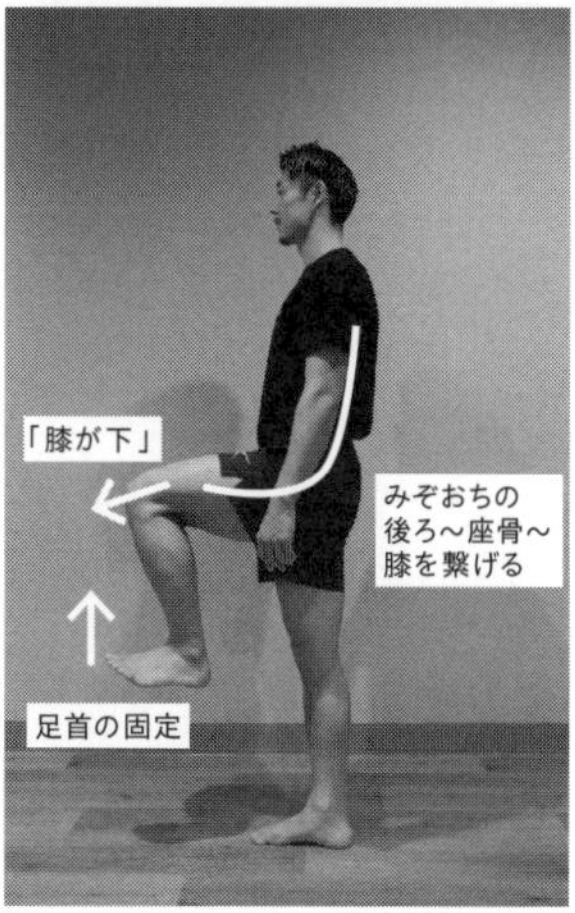

「基礎体力」を作るための

Top 主原則（メイン）

Satellite 準原則（サポート）

原理原則

Top

- 背骨フリー
- 腹〜腰回りを広く
- 「肘が下」／指先から
- 「膝が下」／踵で押す
- 鼠径部を締めない

Satellite

- 胸椎下側のカーブ
- みぞおちの前に胸を乗せる
- 骨盤の後ろ側を上げる
- 股関節から折り畳む

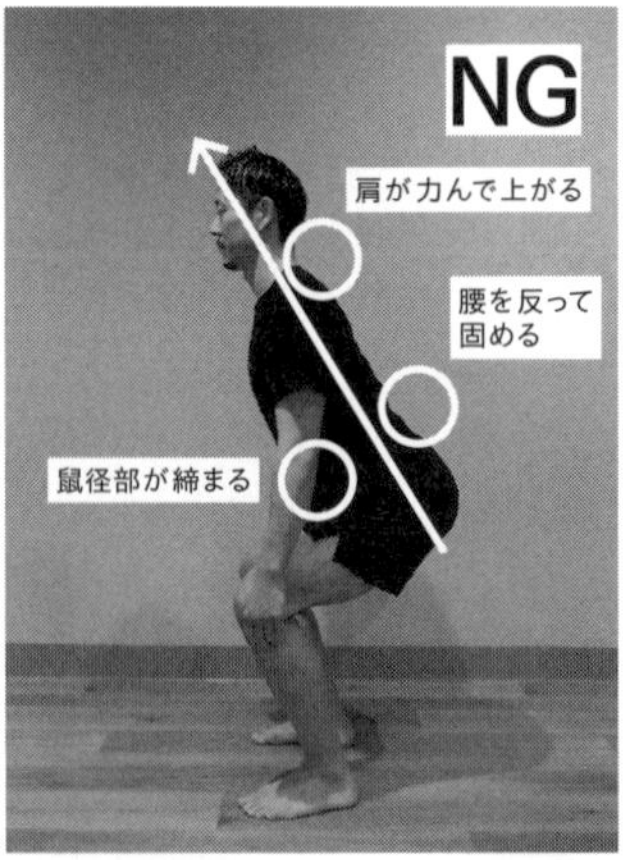

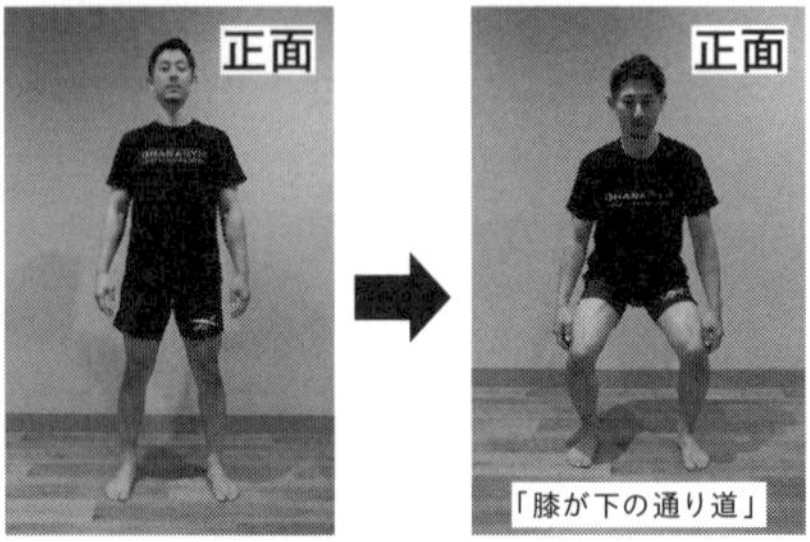

「膝を抜く」ことでパワーポジションへ

沈む系

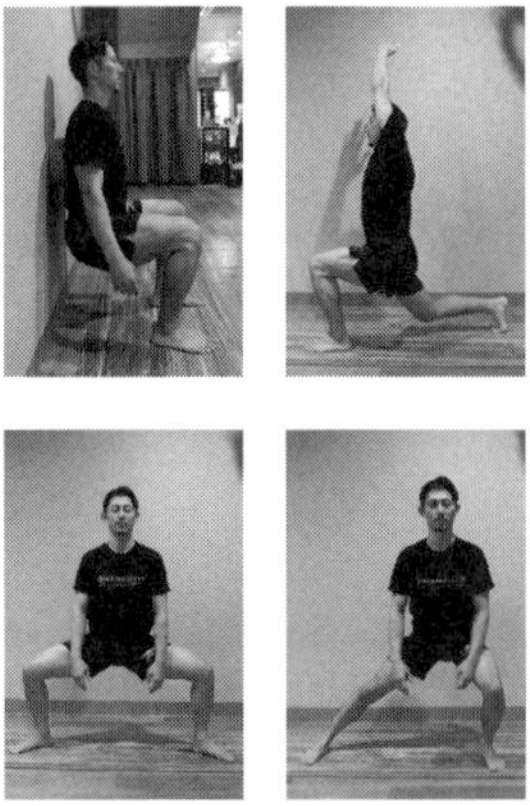

「肘が下」

2

1 ベースポジション

沈む

動作の優先順位

❶ 全身が連動する姿勢
▼
❷ 身体の重さを使う
▼
❸ バネ感
▼
❹ 筋力

① 動作に必要な最小限
② タイミングよく
③ 付け根側から収縮

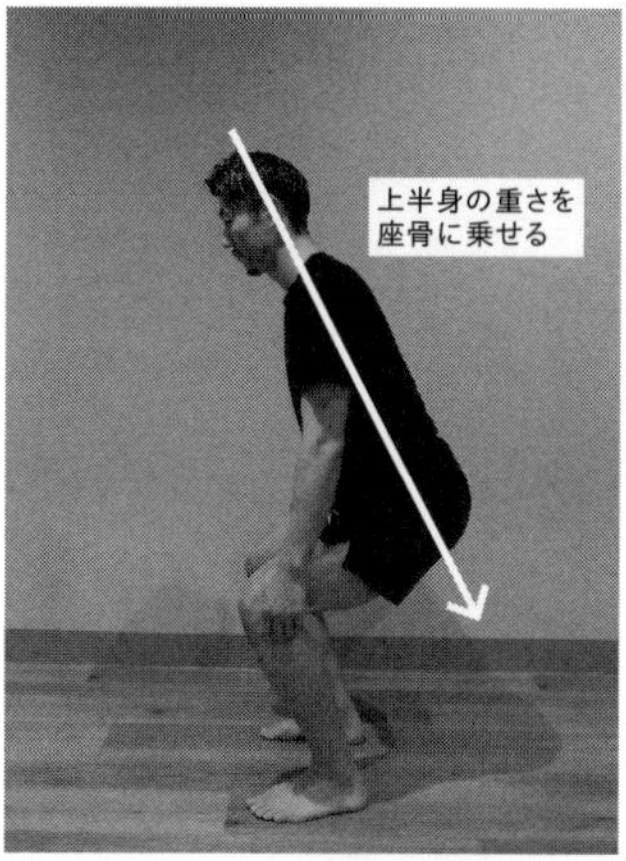

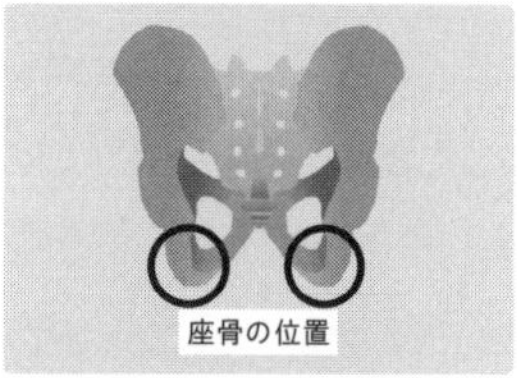

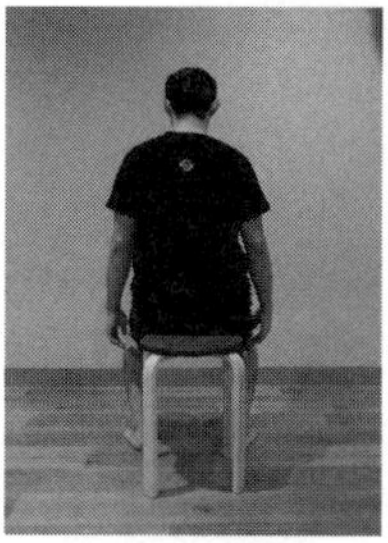
座面にあたる場所

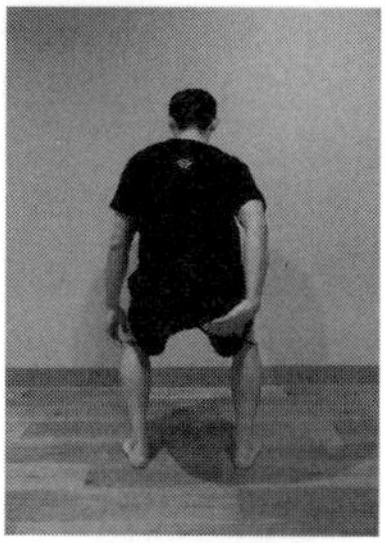
骨の出っ張りを触る

応用

「肘が下」

「基礎体力」を作るための
Top 主原則（メイン）
Satellite 準原則（サポート）

原理原則

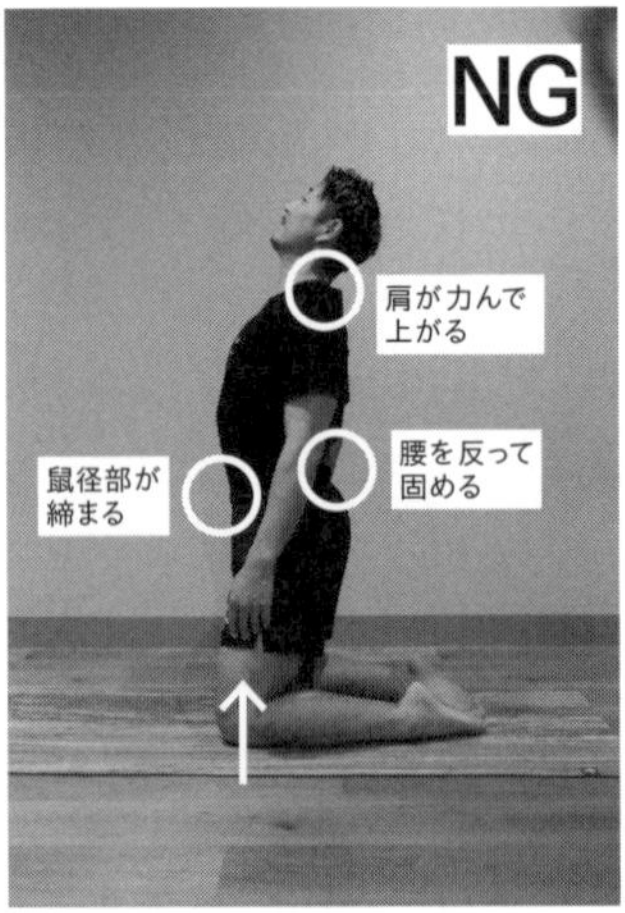

Top
- 背骨フリー
- 腹～腰回りを広く
- 「肘が下」／指先から
- 「膝が下」／踵で押す
- 鼠径部を締めない

Satellite
- 胸椎下側のカーブ
- みぞおちの前に胸を乗せる
- 骨盤の後ろ側を上げる
- 股関節から折り畳む

腕を上げる動き+胸椎下側のカーブ

3

1 ベースポジション

しなる

動作の優先順位

❶ 全身が連動する姿勢

▼

❷ 身体の重さを使う

▼

❸ バネ感

▼

❹ 筋力

① 動作に必要な最小限
② タイミングよく
③ 付け根側から収縮

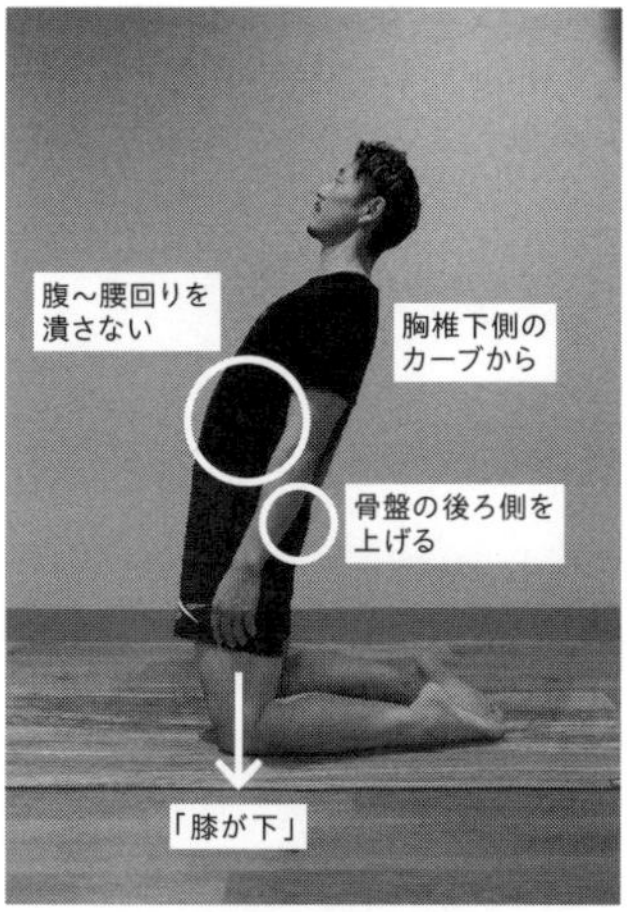

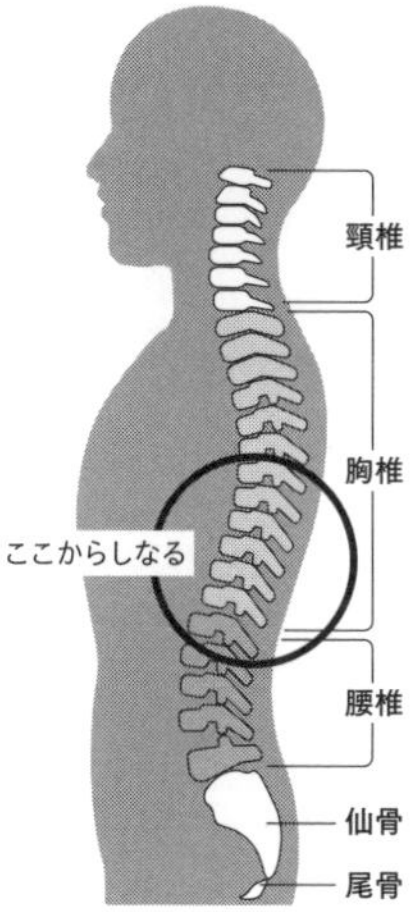

背骨の回旋
①下から順番に動かす
②背骨の左側を後ろに

「基礎体力」を作るための
Top 主原則（メイン）
Satellite 準原則（サポート）

原理原則

Top

- 背骨フリー
- 腹～腰回りを広く
- 「肘が下」／指先から
- 「膝が下」／踵で押す
- 鼠径部を締めない

Satellite

- 胸椎下側のカーブ
- みぞおちの前に胸を乗せる
- 骨盤の後ろ側を上げる
- 股関節から折り畳む

「肘が下の通り道」

1

② ムーブメントプリパレーション

フォワードランジローテーション

動作の優先順位

❶ 全身が連動する姿勢

▼

❷ 身体の重さを使う

▼

❸ バネ感

▼

❹ 筋力

① 動作に必要な最小限
② タイミングよく
③ 付け根側から収縮

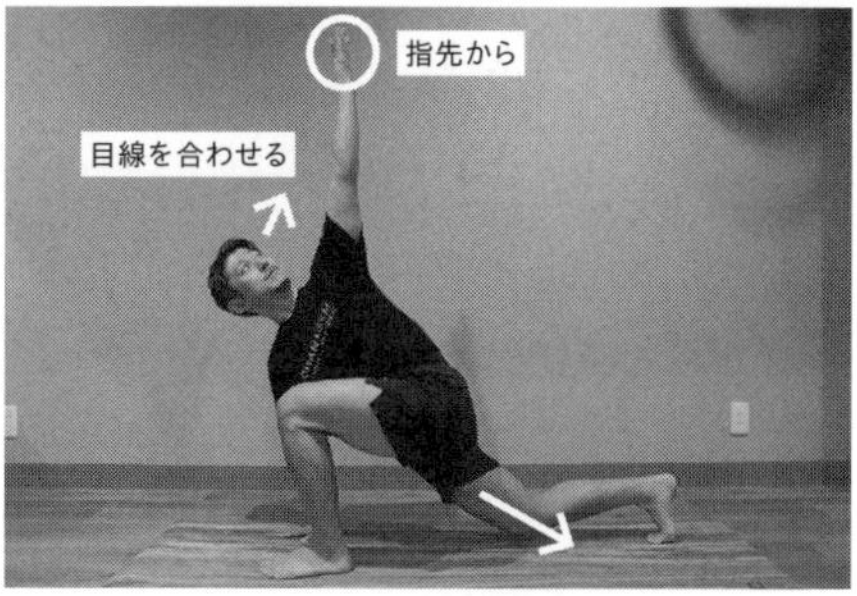

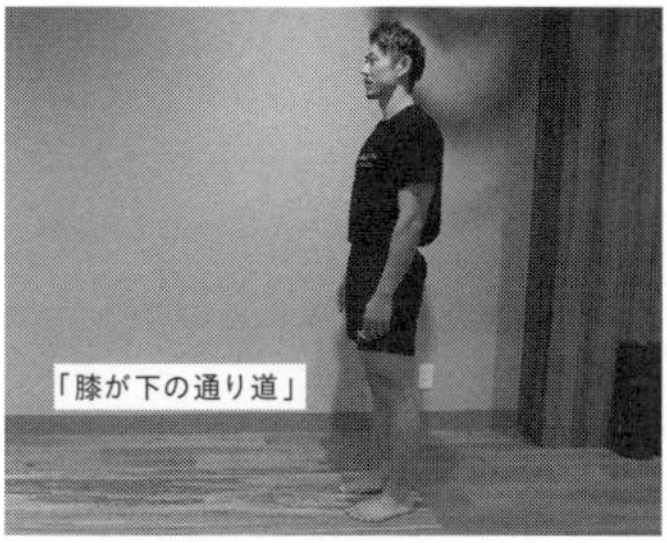

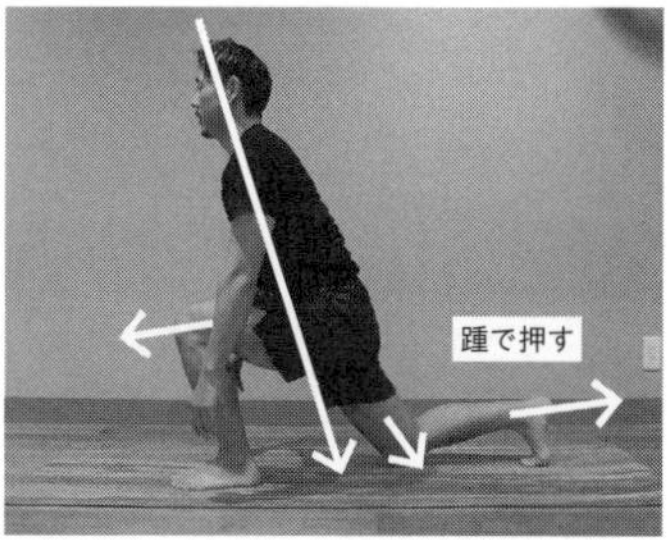

**ランジ
応用①**

「肘が下の通り道」

「基礎体力」を作るための
Top 主原則（メイン）
Satellite 準原則（サポート）

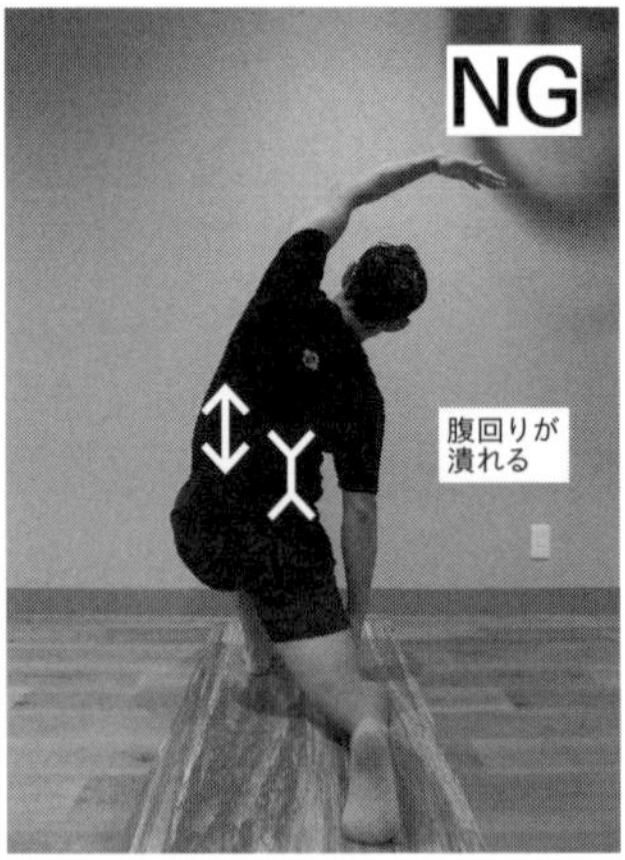

原理原則

Top
- 背骨フリー
- 腹〜腰回りを広く
- 「肘が下」／指先から
- 「膝が下」／踵で押す
- 鼠径部を締めない

Satellite
- 胸椎下側のカーブ
- みぞおちの前に胸を乗せる
- 骨盤の後ろ側を上げる
- 股関節から折り畳む

「肘が下」→指先から

+回旋

2

②ムーブメントプリパレーション

バックランジサイド

動作の優先順位

❶ 全身が連動する姿勢

▼

❷ 身体の重さを使う

▼

❸ バネ感

▼

❹ 筋力

① 動作に必要な最小限
② タイミングよく
③ 付け根側から収縮

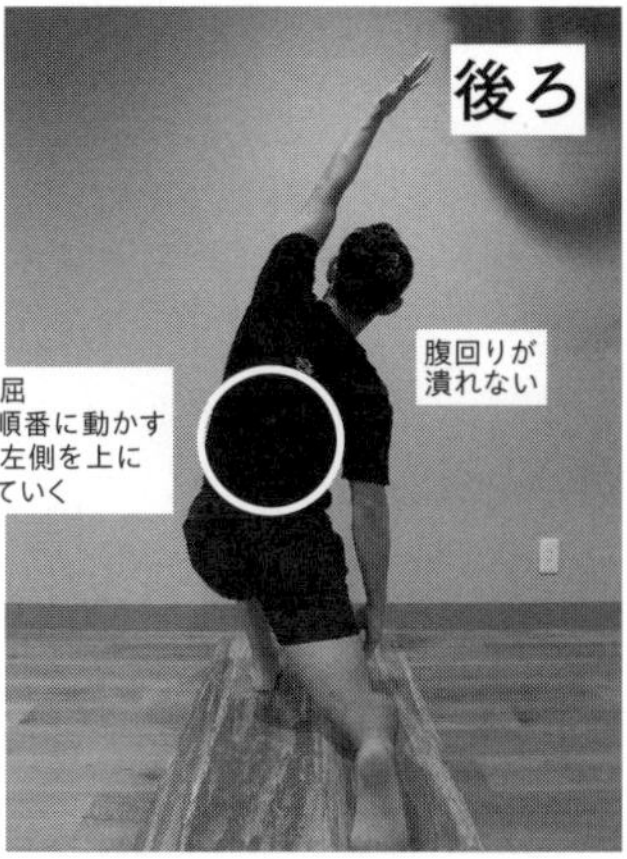
背骨の側屈
①下から順番に動かす
②背骨の左側を上に
伸ばしていく

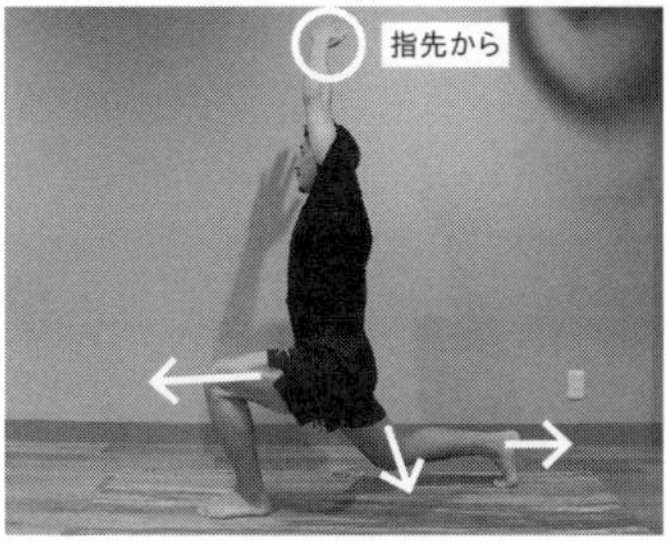

ランジ
応用②

「肘が下」→指先から

「基礎体力」を作るための

Top 主原則（メイン）

Satellite 準原則（サポート）

原理原則

Top

・背骨フリー
・腹〜腰回りを広く
・「肘が下」／指先から
・「膝が下」／踵で押す
・鼠径部を締めない

Satellite

・胸椎下側のカーブ
・みぞおちの前に胸を乗せる
・骨盤の後ろ側を上げる
・股関節から折り畳む

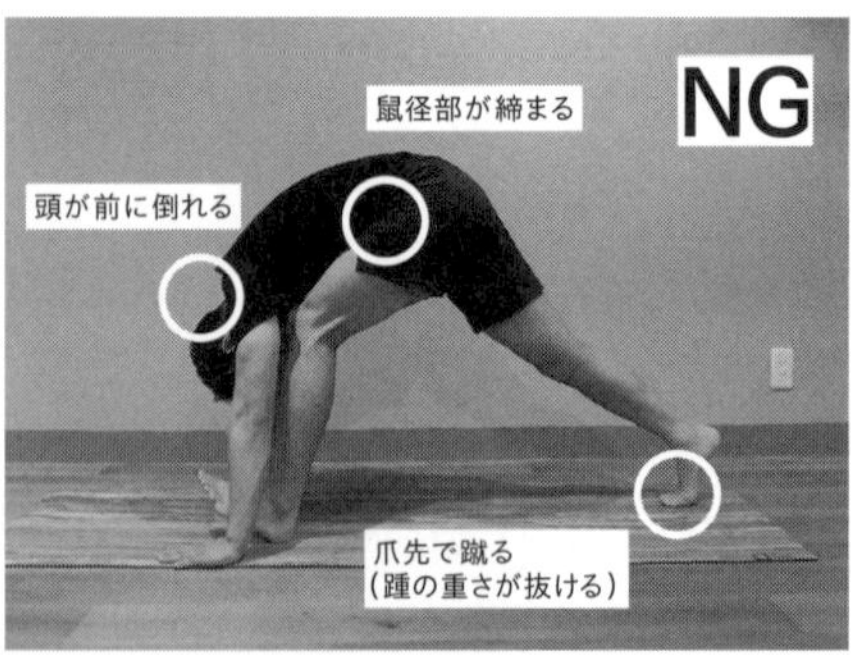

スライディングボード

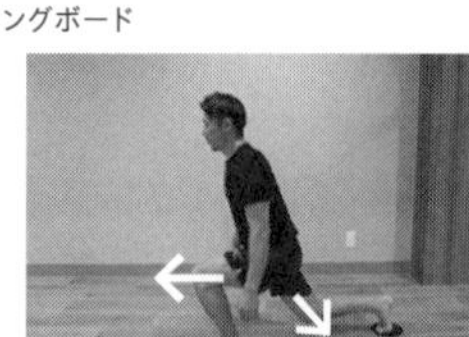

「膝が下の通り道」

3

② ムーブメントプリパレーション
フォワードドランジハムストリングス

動作の優先順位

❶ 全身が連動する姿勢
▼
❷ 身体の重さを使う
▼
❸ バネ感
▼
❹ 筋力

① 動作に必要な最小限
② タイミングよく
③ 付け根側から収縮

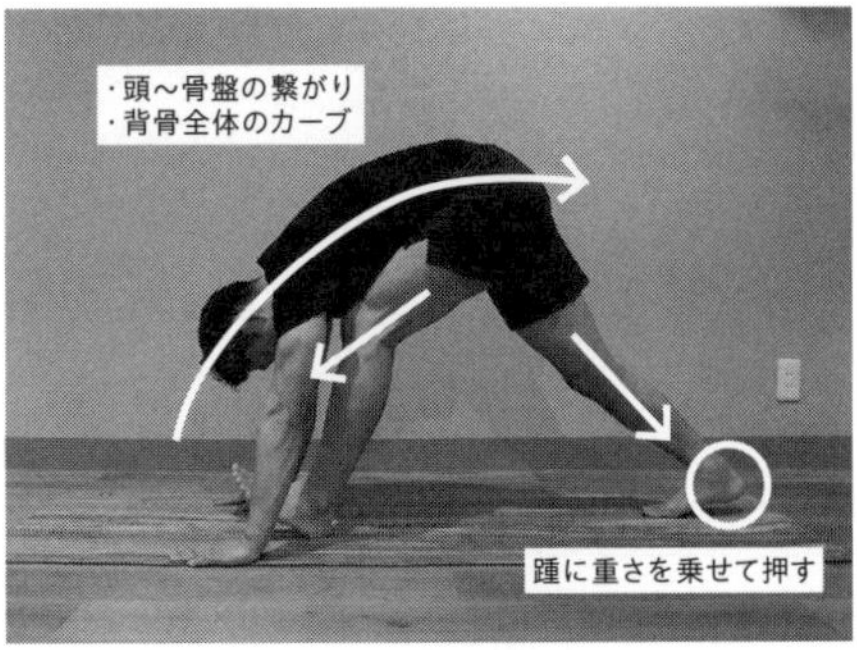

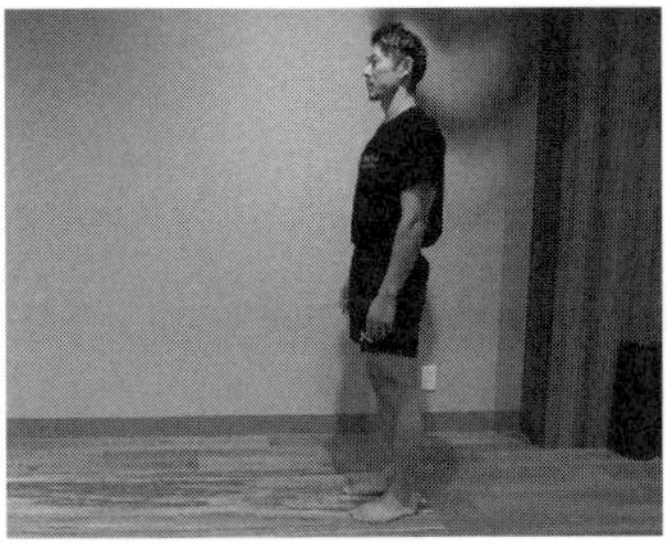

ランジ
応用③

「肘が下の通り道」

「基礎体力」を作るための
Top 主原則（メイン）
Satellite 準原則（サポート）

原理原則

Top

- 背骨フリー
- 腹〜腰回りを広く
- 「肘が下」／指先から
- 「膝が下」／踵で押す
- 鼠径部を締めない

Satellite

- 胸椎下側のカーブ
- みぞおちの前に胸を乗せる
- 骨盤の後ろ側を上げる
- 股関節から折り畳む

4

②ムーブメントプリパレーション
アクティブカーフ

動作の優先順位

❶ 全身が連動する姿勢
▼
❷ 身体の重さを使う
▼
❸ バネ感
▼
❹ 筋力

① 動作に必要な最小限
② タイミングよく
③ 付け根側から収縮

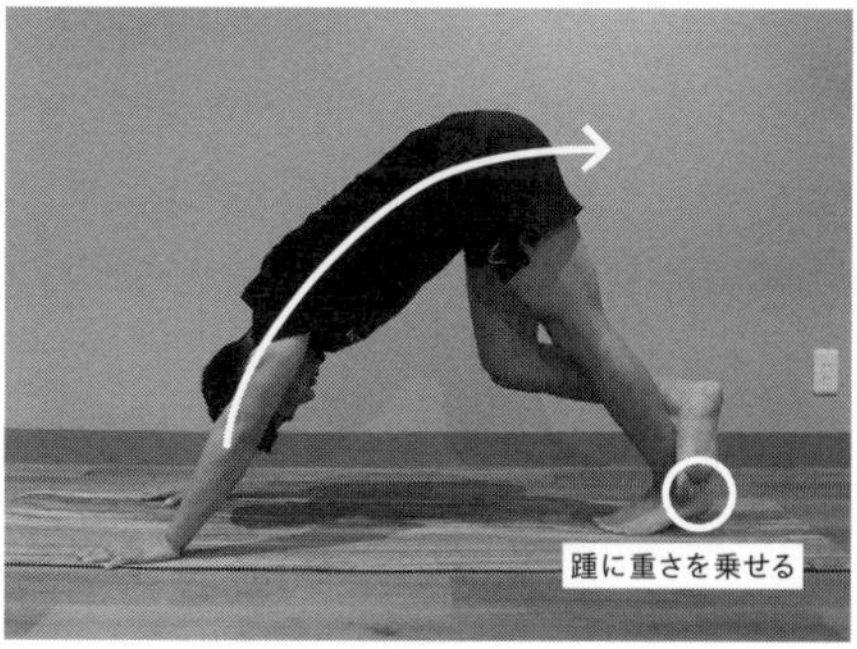

「足関節のバネ」

応用

爪先立ち歩き

踵歩き

「基礎体力」を作るための
Top 主原則（メイン）
Satellite 準原則（サポート）

原理原則

Top

・背骨フリー
・腹〜腰回りを広く
・「肘が下」／指先から
・「膝が下」／踵で押す
・鼠径部を締めない

Satellite

・胸椎下側のカーブ
・みぞおちの前に胸を乗せる
・骨盤の後ろ側を上げる
・股関節から折り畳む

「肘が下の通り道」

5

② ムーブメントプリパレーション

インバーデットハムストリングス

動作の優先順位

❶ 全身が連動する姿勢

▼

❷ 身体の重さを使う

▼

❸ バネ感

▼

❹ 筋力

① 動作に必要な最小限
② タイミングよく
③ 付け根側から収縮

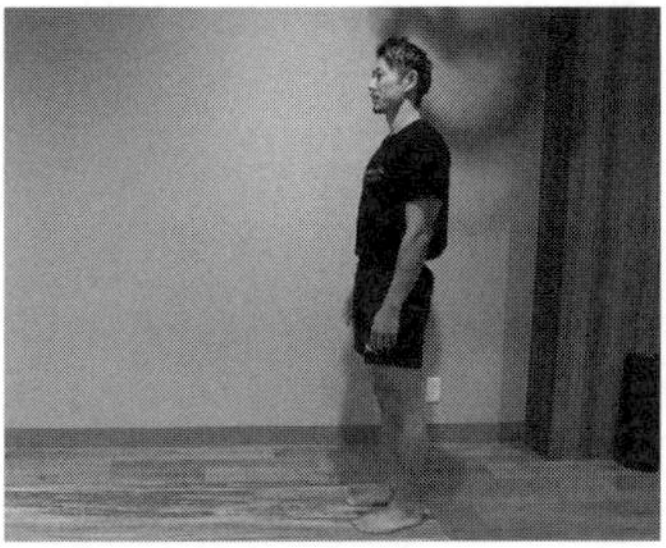

応用

「肘が下の通り道」

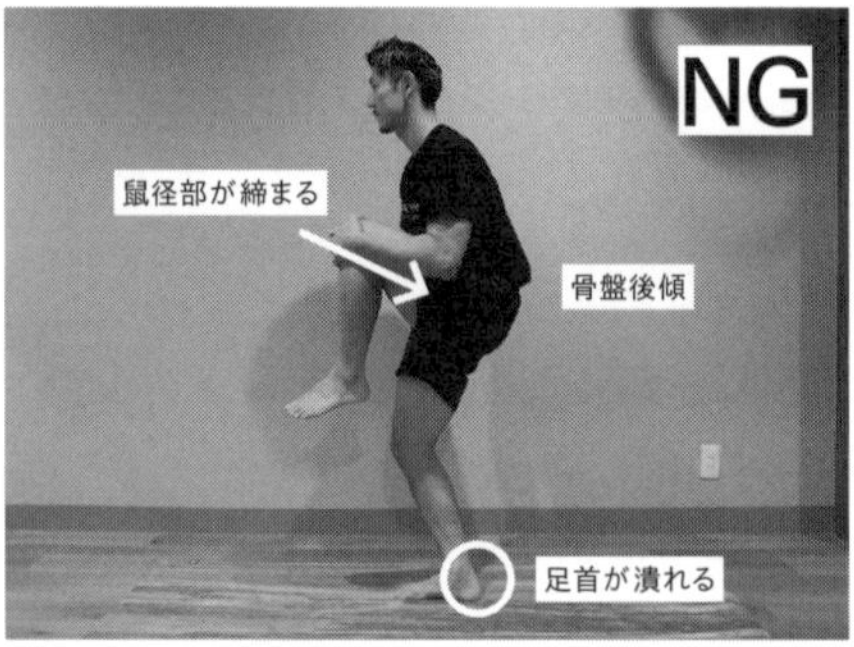

「基礎体力」を作るための
Top 主原則（メイン）
Satellite 準原則（サポート）

原理原則

Top

- 背骨フリー
- 腹〜腰回りを広く
- 「肘が下」／指先から
- 「膝が下」／踵で押す
- 鼠径部を締めない

Satellite

- 胸椎下側のカーブ
- みぞおちの前に胸を乗せる
- 骨盤の後ろ側を上げる
- 股関節から折り畳む

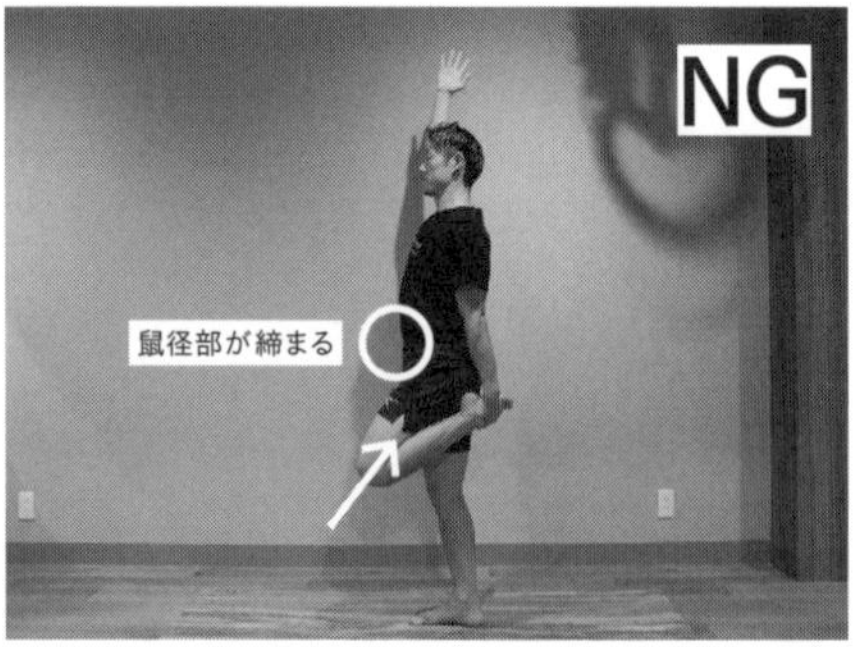

Top

- 背骨フリー
- 腹〜腰回りを広く
- 「肘が下」／指先から
- 「膝が下」／踵で押す
- 鼠径部を締めない

Satellite

- 胸椎下側のカーブ
- みぞおちの前に胸を乗せる
- 骨盤の後ろ側を上げる
- 股関節から折り畳む

6

2 ムーブメントプリパレーション
シングルスクワットニーハグ

動作の優先順位

❶ 全身が連動する姿勢
▼
❷ 身体の重さを使う
▼
❸ バネ感
▼
❹ 筋力

① 動作に必要な最小限
② タイミングよく
③ 付け根側から収縮

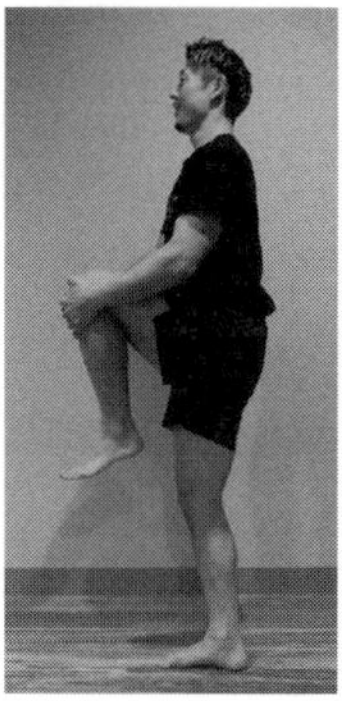

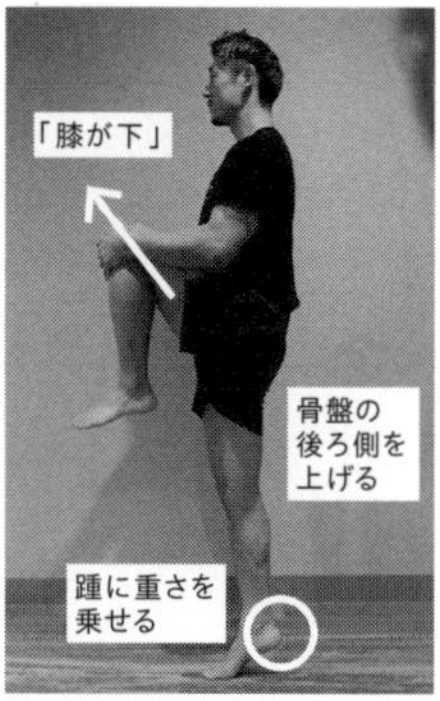

7

2 ムーブメントプリパレーション
シングルスクワットクワド

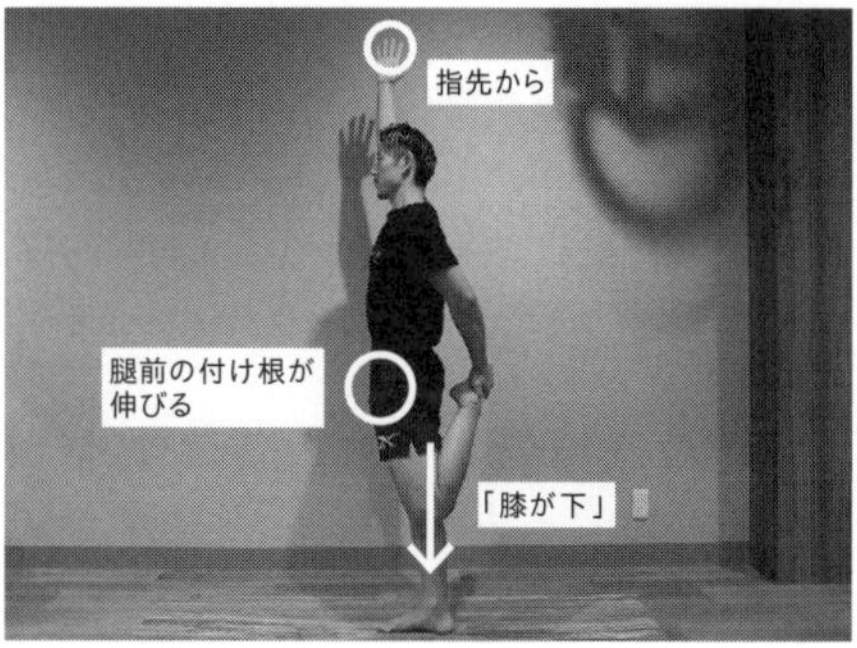

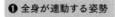

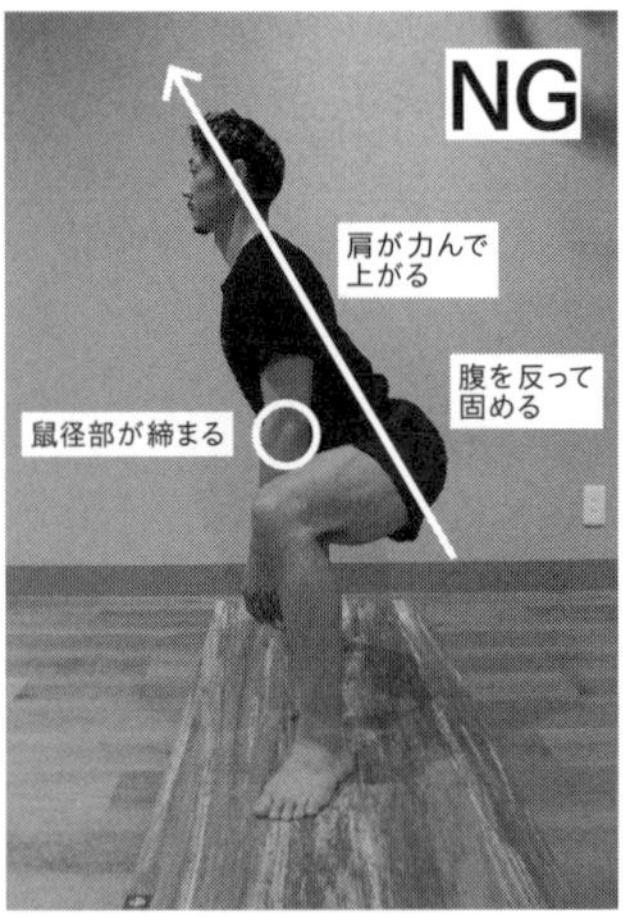

「基礎体力」を作るための
Top 主原則（メイン）
Satellite 準原則（サポート）

原理原則

Top
- 背骨フリー
- 腹〜腰回りを広く
- 「肘が下」／指先から
- 「膝が下」／踵で押す
- 鼠径部を締めない

Satellite
- 胸椎下側のカーブ
- みぞおちの前に胸を乗せる
- 骨盤の後ろ側を上げる
- 股関節から折り畳む

応用

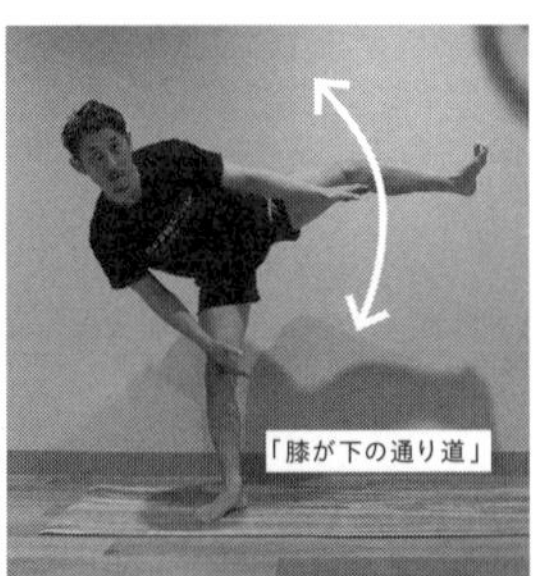

8

② ムーブメントプリパレーション

シコスクワット

動作の優先順位

❶ 全身が連動する姿勢

▼

❷ 身体の重さを使う

▼

❸ バネ感

▼

❹ 筋力

① 動作に必要な最小限
② タイミングよく
③ 付け根側から収縮

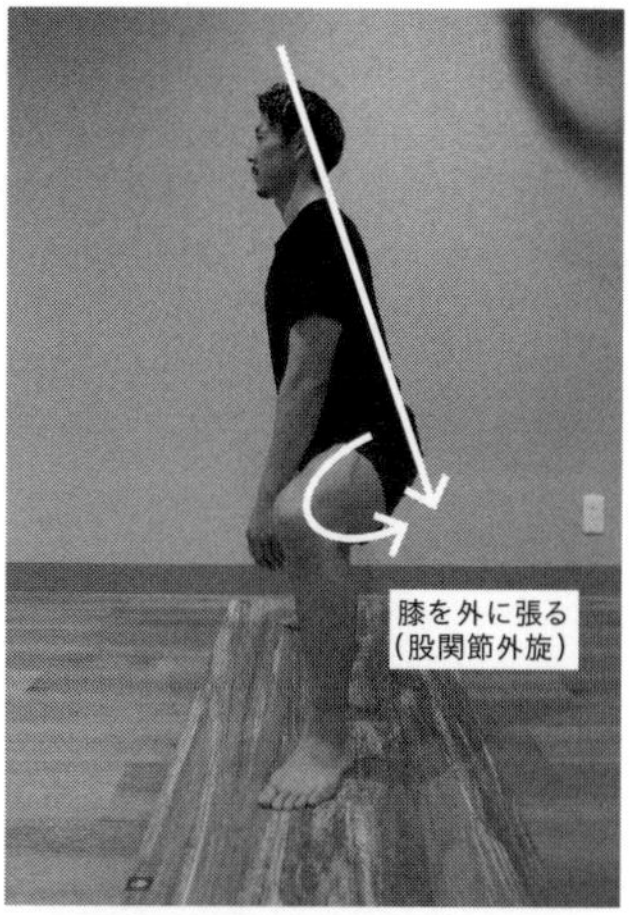

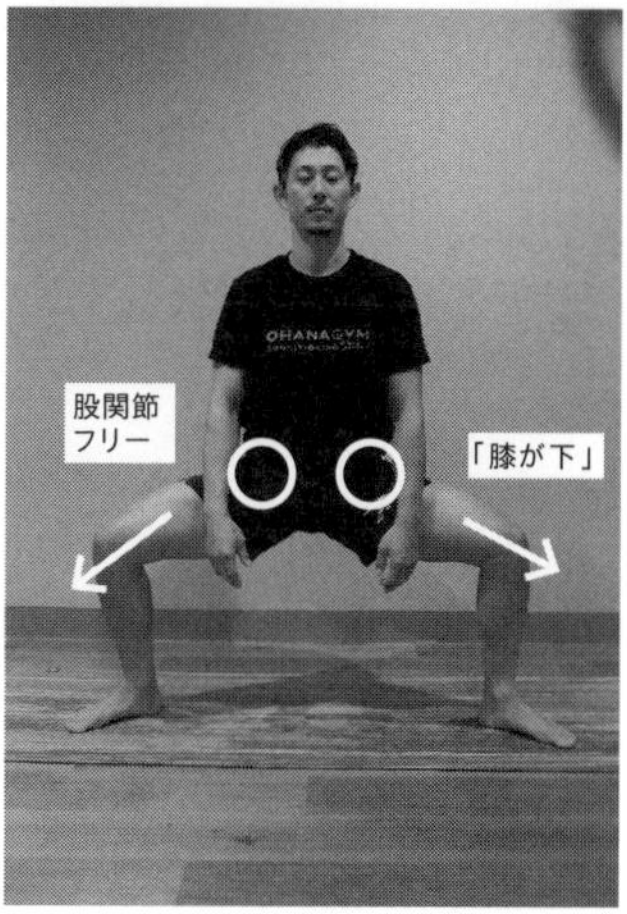

「基礎体力」を作るための
Top 主原則（メイン）
Satellite 準原則（サポート）

原理原則

Top

- 背骨フリー
- 腹〜腰回りを広く
- 「肘が下」／指先から
- 「膝が下」／踵で押す
- 鼠径部を締めない

Satellite

- 胸椎下側のカーブ
- みぞおちの前に胸を乗せる
- 骨盤の後ろ側を上げる
- 股関節から折り畳む

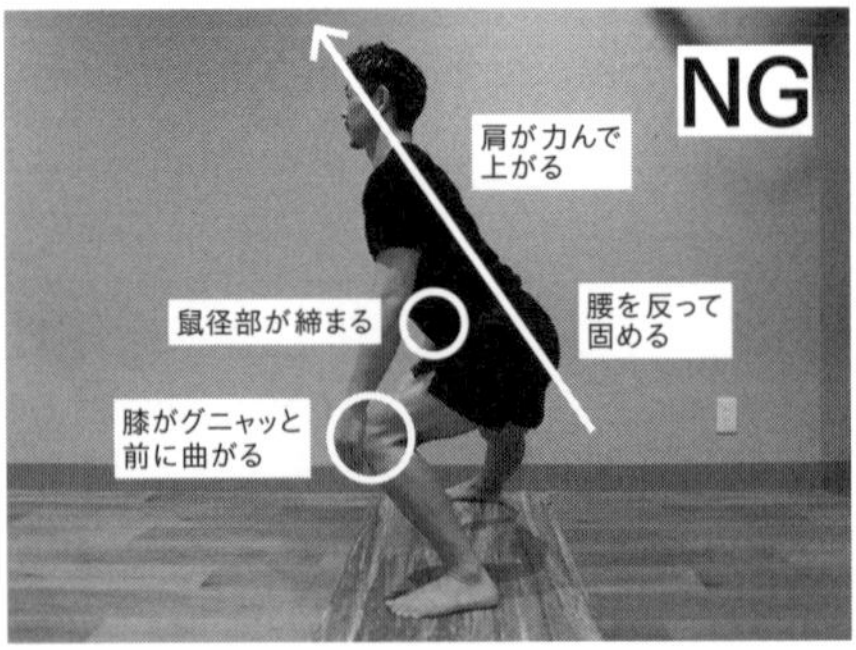

応用

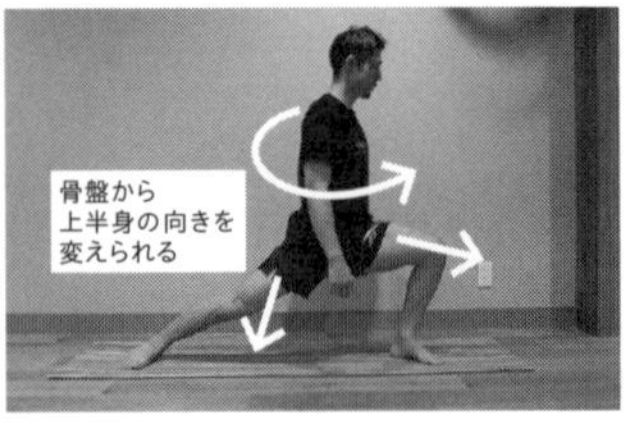

9

2 ムーブメントプリパレーション

ラテラルランジ

動作の優先順位

❶ 全身が連動する姿勢

▼

❷ 身体の重さを使う

▼

❸ バネ感

▼

❹ 筋力

① 動作に必要な最小限
② タイミングよく
③ 付け根側から収縮

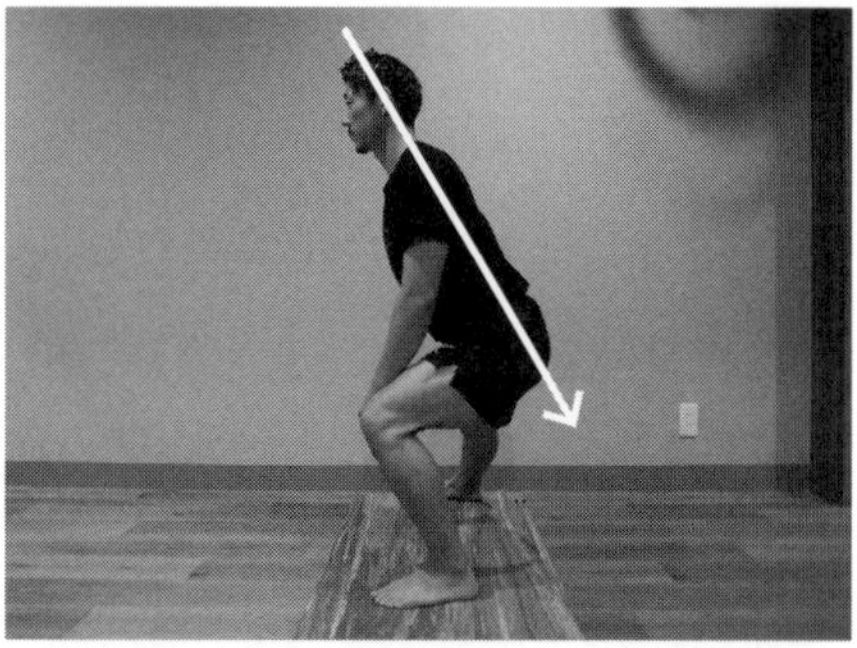

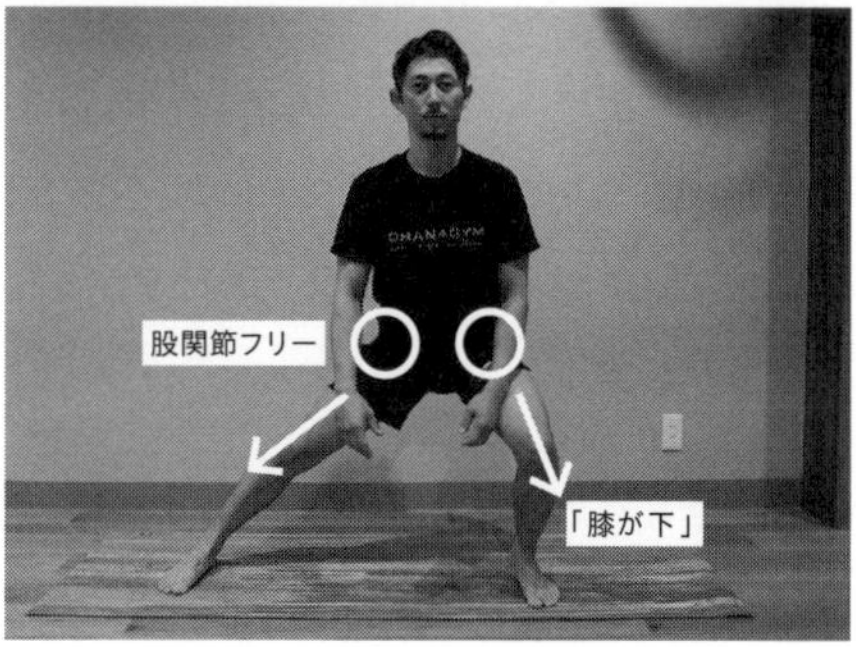

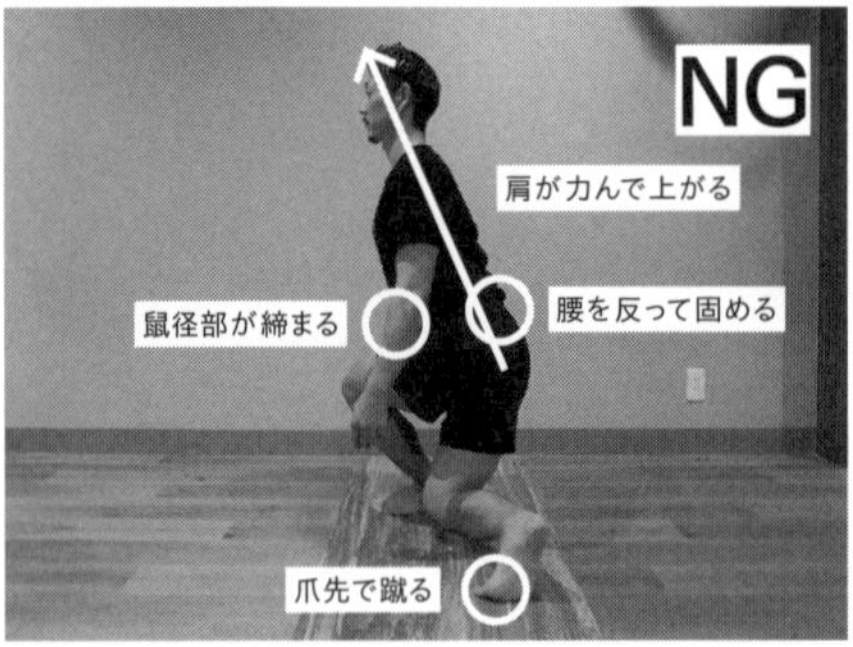

「基礎体力」を作るための
Top 主原則（メイン）
Satellite 準原則（サポート）

原理原則

Top

- 背骨フリー
- 腹～腰回りを広く
- 「肘が下」／指先から
- 「膝が下」／踵で押す
- 鼠径部を締めない

Satellite

- 胸椎下側のカーブ
- みぞおちの前に胸を乗せる
- 骨盤の後ろ側を上げる
- 股関節から折り畳む

10

② ムーブメントプリパレーション

ドロップランジ

動作の優先順位

❶ 全身が連動する姿勢

▼

❷ 身体の重さを使う

▼

❸ バネ感

▼

❹ 筋力

① 動作に必要な最小限
② タイミングよく
③ 付け根側から収縮

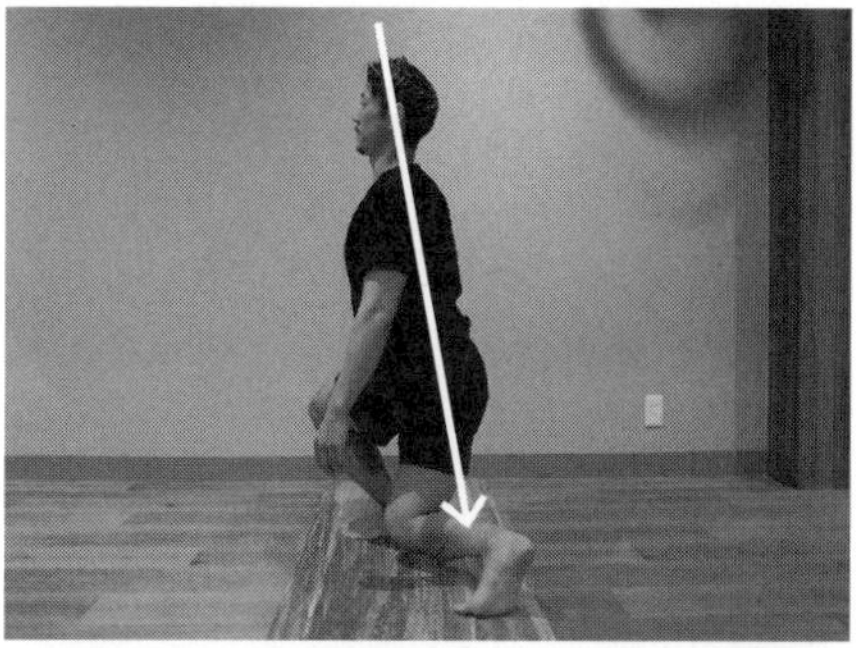

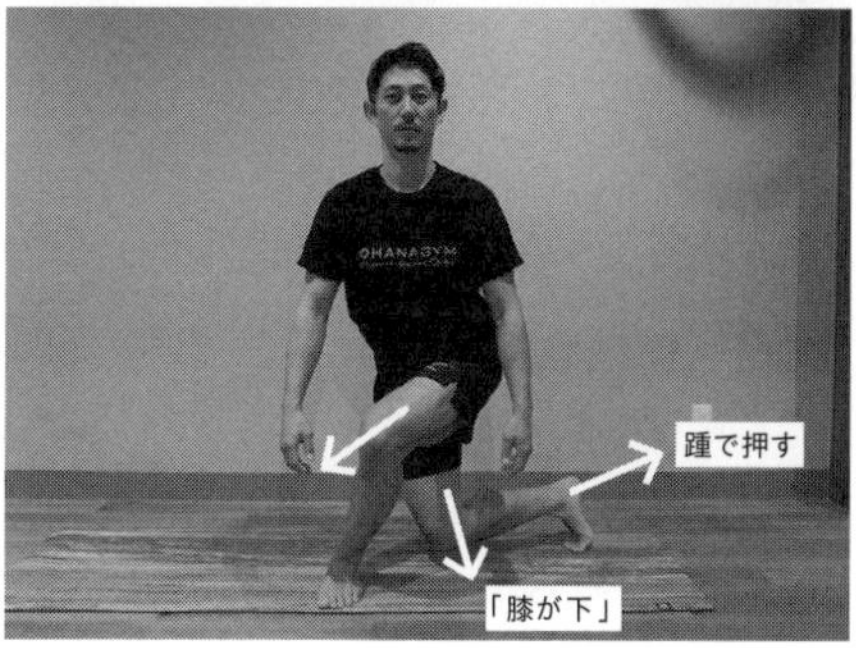

1

③ コア・ユニットの「鍛錬」メソッド

ヒップヒンジ背筋・壁手押し

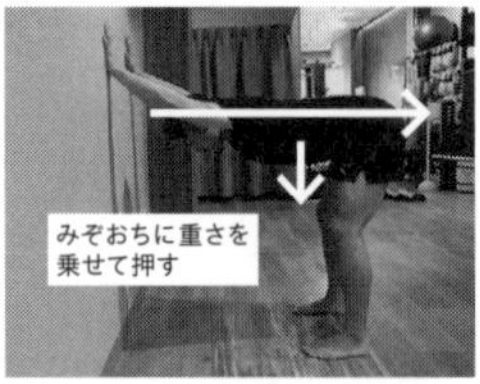

原理原則

Top

- 背骨フリー
- 腹〜腰回りを広く
- 「肘が下」／指先から
- 「膝が下」／踵で押す
- 鼠径部を締めない

Satellite

- 胸椎下側のカーブ
- みぞおちの前に胸を乗せる
- 骨盤の後ろ側を上げる
- 股関節から折り畳む

2

③ コア・ユニットの「鍛錬」メソッド

ヒップヒンジ背筋・壁座骨押し

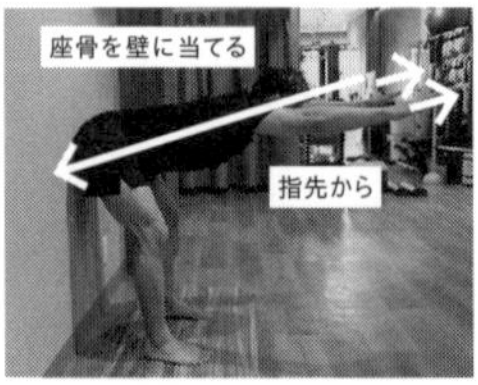

原理原則

Top

- 背骨フリー
- 腹〜腰回りを広く
- 「肘が下」／指先から
- 「膝が下」／踵で押す
- 鼠径部を締めない

Satellite

- 胸椎下側のカーブ
- みぞおちの前に胸を乗せる
- 骨盤の後ろ側を上げる
- 股関節から折り畳む

3

③ コア・ユニットの「鍛錬」メソッド
ヒップヒンジ背筋・肩外旋

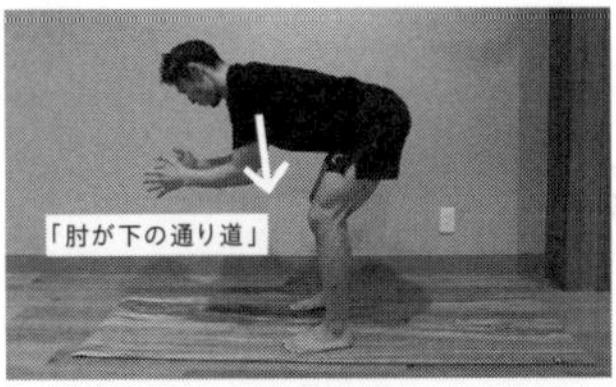

原理原則

Top
- 背骨フリー
- 腹〜腰回りを広く
- 「肘が下」／指先から
- 「膝が下」／踵で押す
- 鼠径部を締めない

Satellite
- 胸椎下側のカーブ
- みぞおちの前に胸を乗せる
- 骨盤の後ろ側を上げる
- 股関節から折り畳む

4

③ コア・ユニットの「鍛錬」メソッド
ヒップヒンジ背筋・腕振り

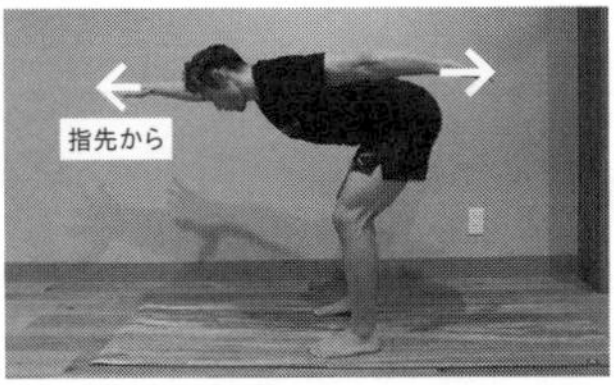

原理原則

Top
- 背骨フリー
- 腹〜腰回りを広く
- 「肘が下」／指先から
- 「膝が下」／踵で押す
- 鼠径部を締めない

Satellite
- 胸椎下側のカーブ
- みぞおちの前に胸を乗せる
- 骨盤の後ろ側を上げる
- 股関節から折り畳む

5 ③ コア・ユニットの「鍛錬」メソッド
ヒップヒンジ背筋・波動

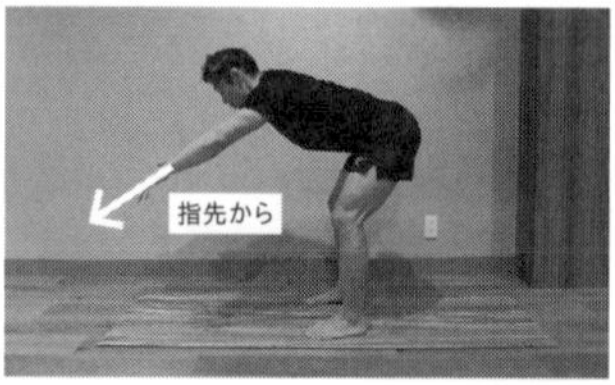

原理原則

Top

- 背骨フリー
- 腹〜腰回りを広く
- 「肘が下」／指先から
- 「膝が下」／踵で押す
- 鼠径部を締めない

Satellite

- 胸椎下側のカーブ
- みぞおちの前に胸を乗せる
- 骨盤の後ろ側を上げる
- 股関節から折り畳む

6 ③ コア・ユニットの「鍛錬」メソッド
腹筋・ゆりかご

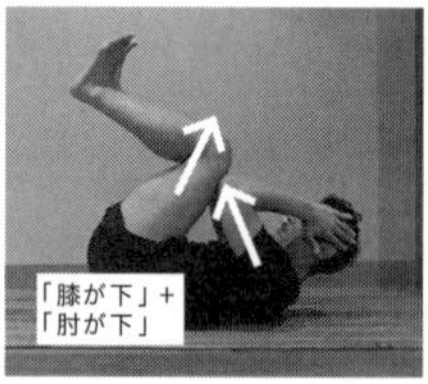

原理原則

Top

- 背骨フリー
- 腹〜腰回りを広く
- 「肘が下」／指先から
- 「膝が下」／踵で押す
- 鼠径部を締めない

Satellite

- 胸椎下側のカーブ
- みぞおちの前に胸を乗せる
- 骨盤の後ろ側を上げる
- 股関節から折り畳む

7

③ コア・ユニットの「鍛錬」メソッド

腹筋・ゆりかご＋脚伸展

原理原則

Top

- 背骨フリー
- 腹〜腰回りを広く
- 「肘が下」／指先から
- 「膝が下」／踵で押す
- 鼠径部を締めない

Satellite

- 胸椎下側のカーブ
- みぞおちの前に胸を乗せる
- 骨盤の後ろ側を上げる
- 股関節から折り畳む

8

③ コア・ユニットの「鍛錬」メソッド

腹筋・レッグプレス

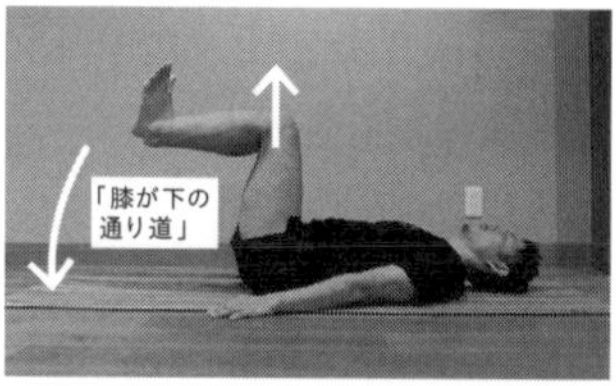

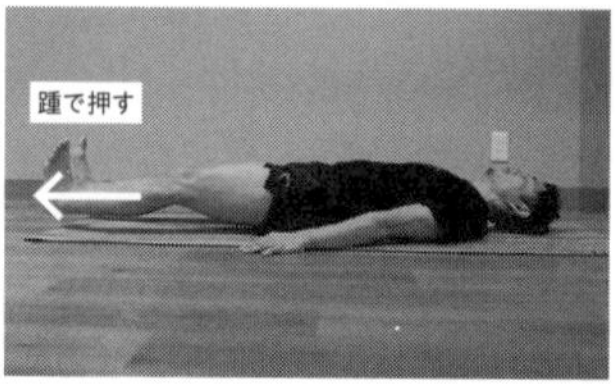

原理原則

Top

- 背骨フリー
- 腹～腰回りを広く
- 「肘が下」／指先から
- 「膝が下」／踵で押す
- 鼠径部を締めない

Satellite

- 胸椎下側のカーブ
- みぞおちの前に胸を乗せる
- 骨盤の後ろ側を上げる
- 股関節から折り畳む

みぞおちの前に胸を乗せるパターン

原理原則

Top

- 背骨フリー
- 腹～腰回りを広く
- 「肘が下」／指先から
- 「膝が下」／踵で押す
- 鼠径部を締めない

Satellite

- 胸椎下側のカーブ
- みぞおちの前に胸を乗せる
- 骨盤の後ろ側を上げる
- 股関節から折り畳む

9

③ コア・ユニットの「鍛錬」メソッド

腹筋・骨盤回旋

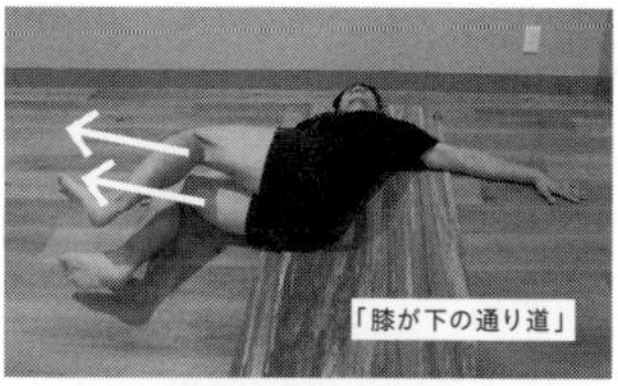

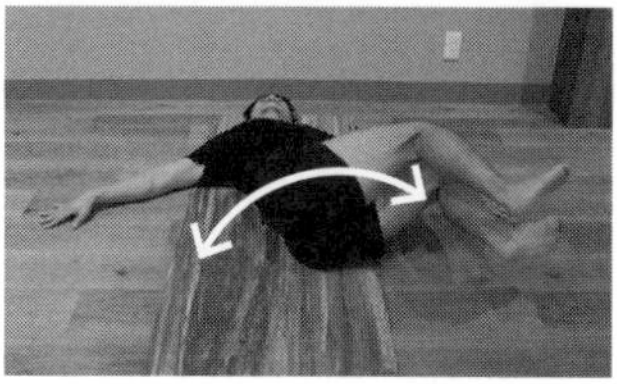

原理原則

Top

- 背骨フリー
- 腹～腰回りを広く
- 「肘が下」／指先から
- 「膝が下」／踵で押す
- 鼠径部を締めない

Satellite

- 胸椎下側のカーブ
- みぞおちの前に胸を乗せる
- 骨盤の後ろ側を上げる
- 股関節から折り畳む

みぞおちの前に胸を乗せるパターン

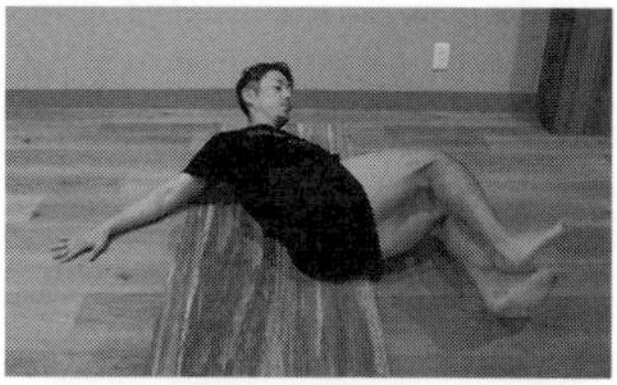

原理原則

Top

- 背骨フリー
- 腹～腰回りを広く
- 「肘が下」／指先から
- 「膝が下」／踵で押す
- 鼠径部を締めない

Satellite

- 胸椎下側のカーブ
- みぞおちの前に胸を乗せる
- 骨盤の後ろ側を上げる
- 股関節から折り畳む

10

③ コア・ユニットの「鍛錬」メソッド

腹筋・座位90度回旋

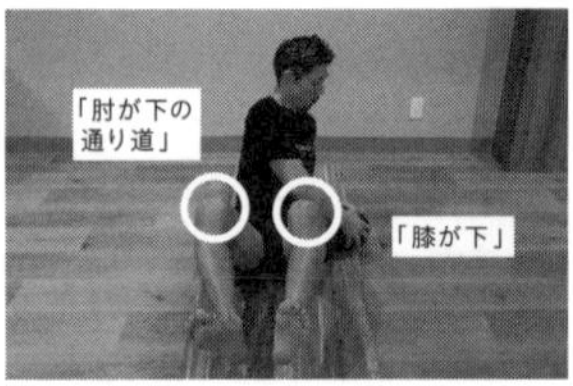

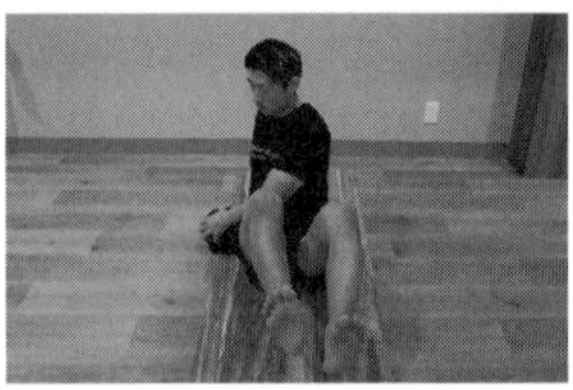

原理原則

Top

- 背骨フリー
- 腹〜腰回りを広く
- 「肘が下」／指先から
- 「膝が下」／踵で押す
- 鼠径部を締めない

Satellite

- 胸椎下側のカーブ
- みぞおちの前に胸を乗せる
- 骨盤の後ろ側を上げる
- 股関節から折り畳む

11

③ コア・ユニットの「鍛錬」メソッド

腹筋・座位90度腕屈伸

応用

原理原則

Top

- 背骨フリー
- 腹〜腰回りを広く
- 「肘が下」／指先から
- 「膝が下」／踵で押す
- 鼠径部を締めない

Satellite

- 胸椎下側のカーブ
- みぞおちの前に胸を乗せる
- 骨盤の後ろ側を上げる
- 股関節から折り畳む

12

③ コア・ユニットの「鍛錬」メソッド

腹筋・座位 90 度腕上げ回し

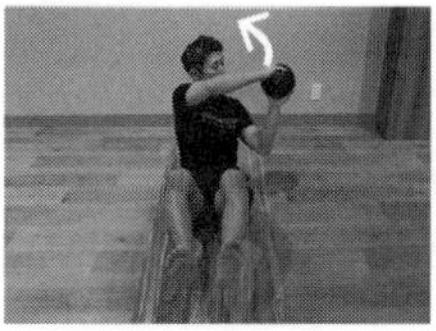

「肘が下の通り道」

原理原則

Top

・背骨フリー
・腹〜腰回りを広く
・「肘が下」／指先から
・「膝が下」／踵で押す
・鼠径部を締めない

Satellite

・胸椎下側のカーブ
・みぞおちの前に胸を乗せる
・骨盤の後ろ側を上げる
・股関節から折り畳む

13

③ コア・ユニットの「鍛錬」メソッド

腹筋・座位 90 度両脚屈伸

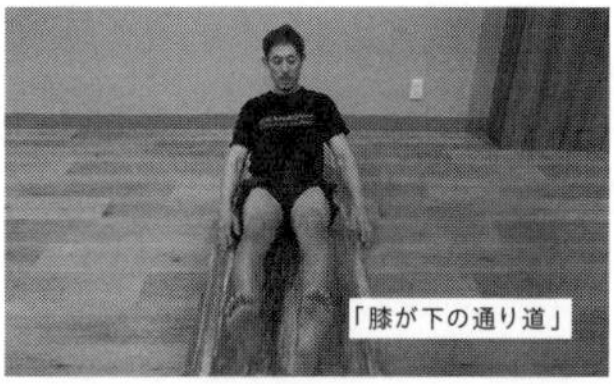

「膝が下の通り道」

原理原則

Top

・背骨フリー
・腹〜腰回りを広く
・「肘が下」／指先から
・「膝が下」／踵で押す
・鼠径部を締めない

Satellite

・胸椎下側のカーブ
・みぞおちの前に胸を乗せる
・骨盤の後ろ側を上げる
・股関節から折り畳む

14

③ コア・ユニットの「鍛錬」メソッド

腹筋・座位 90 度片脚屈伸

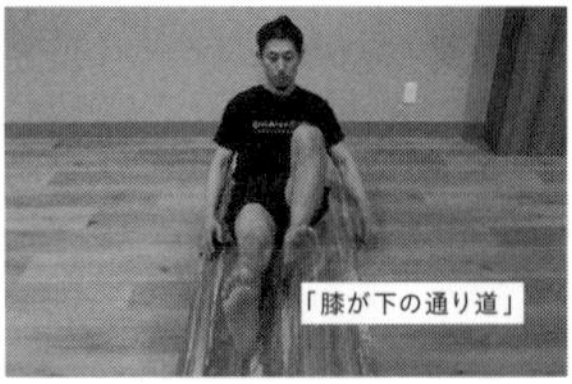

原理原則

Top

- 背骨フリー
- 腹～腰回りを広く
- 「肘が下」／指先から
- 「膝が下」／踵で押す
- 鼠径部を締めない

Satellite

- 胸椎下側のカーブ
- みぞおちの前に胸を乗せる
- 骨盤の後ろ側を上げる
- 股関節から折り畳む

15

③ コア・ユニットの「鍛錬」メソッド

腹筋・上体起こし

原理原則

Top

- 背骨フリー
- 腹～腰回りを広く
- 「肘が下」／指先から
- 「膝が下」／踵で押す
- 鼠径部を締めない

Satellite

- 胸椎下側のカーブ
- みぞおちの前に胸を乗せる
- 骨盤の後ろ側を上げる
- 股関節から折り畳む

16

③ コア・ユニットの「鍛錬」メソッド

腹筋・上体起こし＋股関節外旋

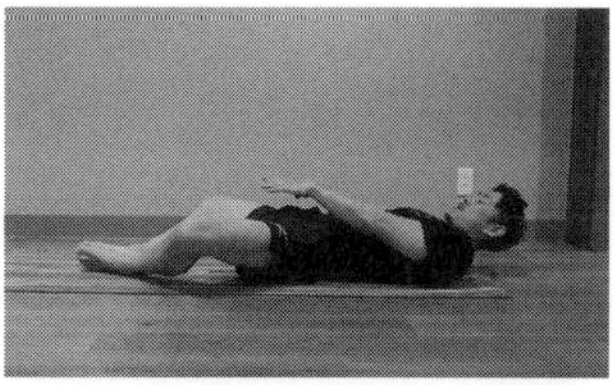

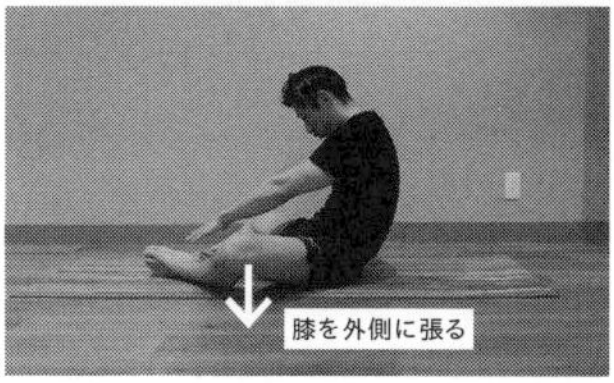

原理原則

Top

- 背骨フリー
- 腹〜腰回りを広く
- 「肘が下」／指先から
- 「膝が下」／踵で押す
- 鼠径部を締めない

Satellite

- 胸椎下側のカーブ
- みぞおちの前に胸を乗せる
- 骨盤の後ろ側を上げる
- 股関節から折り畳む

17

③ コア・ユニットの「鍛錬」メソッド

腹筋・上体起こし＋側屈

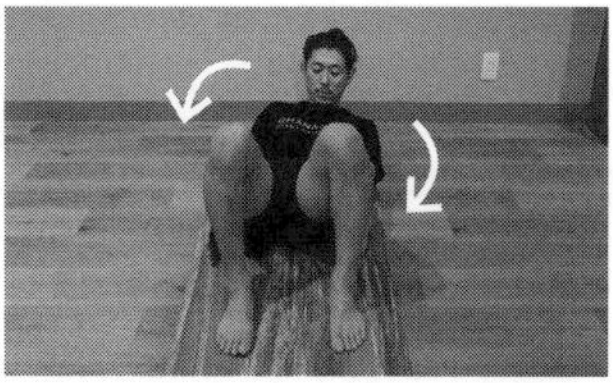

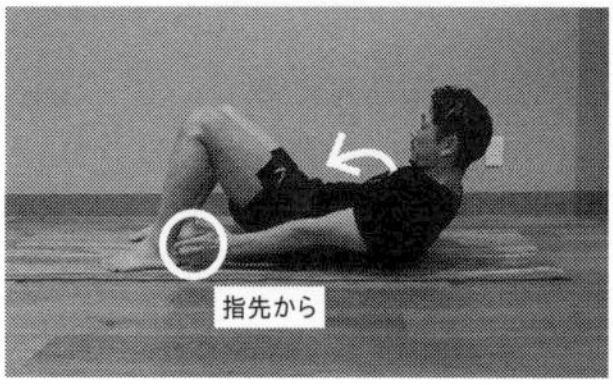

原理原則

Top

- 背骨フリー
- 腹〜腰回りを広く
- 「肘が下」／指先から
- 「膝が下」／踵で押す
- 鼠径部を締めない

Satellite

- 胸椎下側のカーブ
- みぞおちの前に胸を乗せる
- 骨盤の後ろ側を上げる
- 股関節から折り畳む

18
③ コア・ユニットの「鍛錬」メソッド
腹筋・上体起こし＋両手上げ

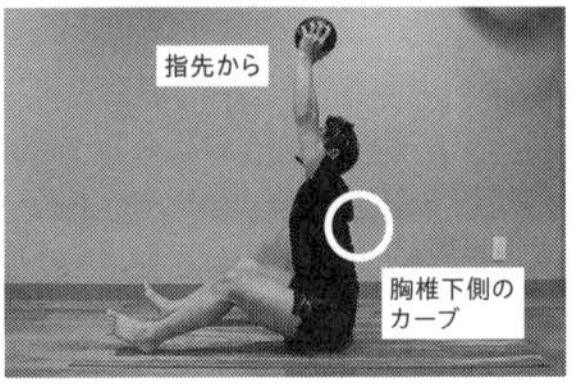

原理原則

Top
- 背骨フリー
- 腹〜腰回りを広く
- 「肘が下」／指先から
- 「膝が下」／踵で押す
- 鼠径部を締めない

Satellite
- 胸椎下側のカーブ
- みぞおちの前に胸を乗せる
- 骨盤の後ろ側を上げる
- 股関節から折り畳む

19
③ コア・ユニットの「鍛錬」メソッド
腹筋・仰向けクロス

原理原則

Top
- 背骨フリー
- 腹〜腰回りを広く
- 「肘が下」／指先から
- 「膝が下」／踵で押す
- 鼠径部を締めない

Satellite
- 胸椎下側のカーブ
- みぞおちの前に胸を乗せる
- 骨盤の後ろ側を上げる
- 股関節から折り畳む

20

③ コア・ユニットの「鍛錬」メソッド

腹筋・片手V字

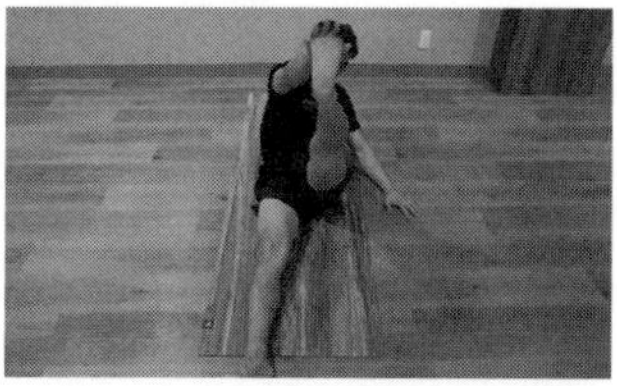

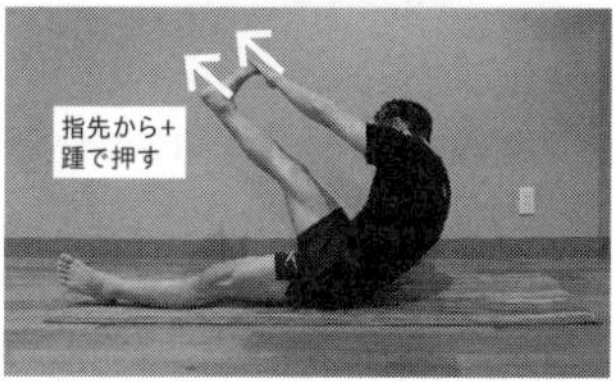

原理原則

Top

- 背骨フリー
- 腹〜腰回りを広く
- 「肘が下」／指先から
- 「膝が下」／踵で押す
- 鼠径部を締めない

Satellite

- 胸椎下側のカーブ
- みぞおちの前に胸を乗せる
- 骨盤の後ろ側を上げる
- 股関節から折り畳む

21

③ コア・ユニットの「鍛錬」メソッド

腹筋・両手V字

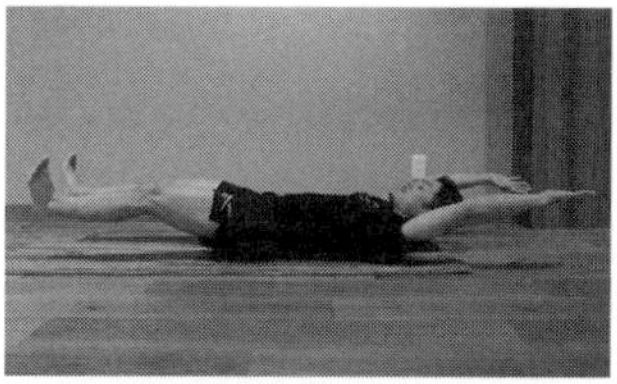

原理原則

Top

- 背骨フリー
- 腹〜腰回りを広く
- 「肘が下」／指先から
- 「膝が下」／踵で押す
- 鼠径部を締めない

Satellite

- 胸椎下側のカーブ
- みぞおちの前に胸を乗せる
- 骨盤の後ろ側を上げる
- 股関節から折り畳む

22

③ コア・ユニットの「鍛錬」メソッド

腹筋・みぞおち胸乗せ＋両腕上

原理原則

Top

- 背骨フリー
- 腹〜腰回りを広く
- 「肘が下」／指先から
- 「膝が下」／踵で押す
- 鼠径部を締めない

Satellite

- 胸椎下側のカーブ
- みぞおちの前に胸を乗せる
- 骨盤の後ろ側を上げる
- 股関節から折り畳む

23
③ コア・ユニットの「鍛錬」メソッド
腹筋・みぞおち脚乗せ＋両脚上

原理原則

Top

- 背骨フリー
- 腹～腰回りを広く
- 「肘が下」／指先から
- 「膝が下」／踵で押す
- 鼠径部を締めない

Satellite

- 胸椎下側のカーブ
- みぞおちの前に胸を乗せる
- 骨盤の後ろ側を上げる
- 股関節から折り畳む

応用・みぞおちゆりかご

原理原則

Top

- 背骨フリー
- 腹～腰回りを広く
- 「肘が下」／指先から
- 「膝が下」／踵で押す
- 鼠径部を締めない

Satellite

- 胸椎下側のカーブ
- みぞおちの前に胸を乗せる
- 骨盤の後ろ側を上げる
- 股関節から折り畳む

24

3 コア・ユニットの「鍛錬」メソッド

腹筋・側臥位＋側屈

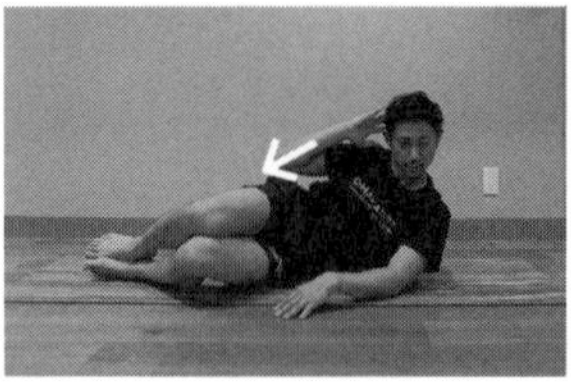

原理原則

Top

- 背骨フリー
- 腹〜腰回りを広く
- 「肘が下」／指先から
- 「膝が下」／踵で押す
- 鼠径部を締めない

Satellite

- 胸椎下側のカーブ
- みぞおちの前に胸を乗せる
- 骨盤の後ろ側を上げる
- 股関節から折り畳む

25

3 コア・ユニットの「鍛錬」メソッド

腹筋・側臥位＋股関節外転

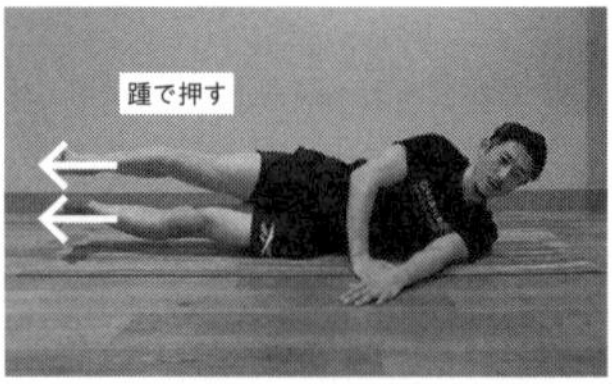

原理原則

Top

- 背骨フリー
- 腹〜腰回りを広く
- 「肘が下」／指先から
- 「膝が下」／踵で押す
- 鼠径部を締めない

Satellite

- 胸椎下側のカーブ
- みぞおちの前に胸を乗せる
- 骨盤の後ろ側を上げる
- 股関節から折り畳む

26

③ コア・ユニットの「鍛錬」メソッド

腹筋・ドラゴンフラッグ

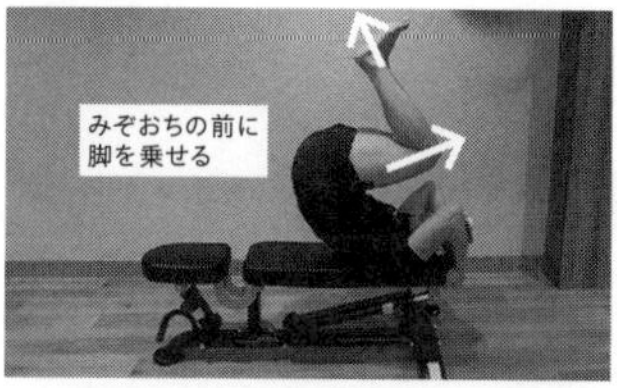

原理原則

Top

・背骨フリー
・腹〜腰回りを広く
・「肘が下」／指先から
・「膝が下」／踵で押す
・鼠径部を締めない

Satellite

・胸椎下側のカーブ
・みぞおちの前に胸を乗せる
・骨盤の後ろ側を上げる
・股関節から折り畳む

27

③ コア・ユニットの「鍛錬」メソッド

腕立て・ノーマル

原理原則

Top

- 背骨フリー
- 腹〜腰回りを広く
- 「肘が下」／指先から
- 「膝が下」／踵で押す
- 鼠径部を締めない

Satellite

- 胸椎下側のカーブ
- みぞおちの前に胸を乗せる
- 骨盤の後ろ側を上げる
- 股関節から折り畳む

応用

原理原則

Top

- 背骨フリー
- 腹〜腰回りを広く
- 「肘が下」／指先から
- 「膝が下」／踵で押す
- 鼠径部を締めない

Satellite

- 胸椎下側のカーブ
- みぞおちの前に胸を乗せる
- 骨盤の後ろ側を上げる
- 股関節から折り畳む

28 ③ コア・ユニットの「鍛錬」メソッド
腕立て・肘下

原理原則

Top
- 背骨フリー
- 腹〜腰回りを広く
- 「肘が下」／指先から
- 「膝が下」／踵で押す
- 鼠径部を締めない

Satellite
- 胸椎下側のカーブ
- みぞおちの前に胸を乗せる
- 骨盤の後ろ側を上げる
- 股関節から折り畳む

29 ③ コア・ユニットの「鍛錬」メソッド
腕立て・ヒップヒンジ

原理原則

Top
- 背骨フリー
- 腹〜腰回りを広く
- 「肘が下」／指先から
- 「膝が下」／踵で押す
- 鼠径部を締めない

Satellite
- 胸椎下側のカーブ
- みぞおちの前に胸を乗せる
- 骨盤の後ろ側を上げる
- 股関節から折り畳む

30

③ コア・ユニットの「鍛錬」メソッド

腕立て・プランク腕立て

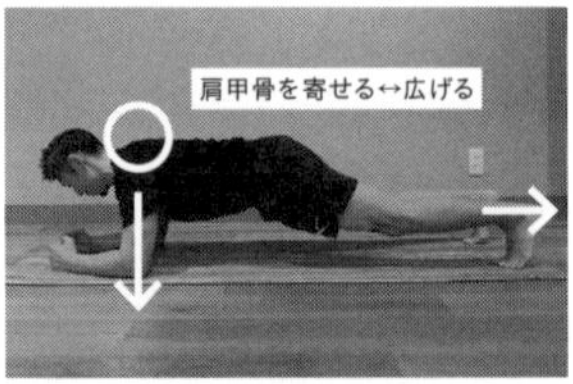

原理原則

Top

- 背骨フリー
- 腹〜腰回りを広く
- 「肘が下」／指先から
- 「膝が下」／踵で押す
- 鼠径部を締めない

Satellite

- 胸椎下側のカーブ
- みぞおちの前に胸を乗せる
- 骨盤の後ろ側を上げる
- 股関節から折り畳む

31

③ コア・ユニットの「鍛錬」メソッド

腕立て・拳立て

原理原則

Top

- 背骨フリー
- 腹〜腰回りを広く
- 「肘が下」／指先から
- 「膝が下」／踵で押す
- 鼠径部を締めない

Satellite

- 胸椎下側のカーブ
- みぞおちの前に胸を乗せる
- 骨盤の後ろ側を上げる
- 股関節から折り畳む

32

③ コア・ユニットの「鍛錬」メソッド

腕立て・指立て

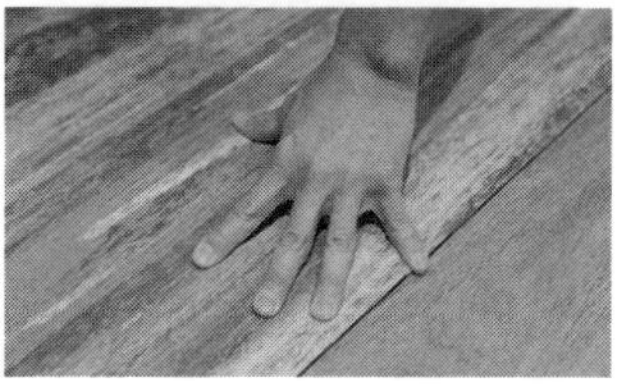

原理原則

Top

- 背骨フリー
- 腹〜腰回りを広く
- 「肘が下」／指先から
- 「膝が下」／踵で押す
- 鼠径部を締めない

Satellite

- 胸椎下側のカーブ
- みぞおちの前に胸を乗せる
- 骨盤の後ろ側を上げる
- 股関節から折り畳む

33

③ コア・ユニットの「鍛錬」メソッド

背筋・ノーマル

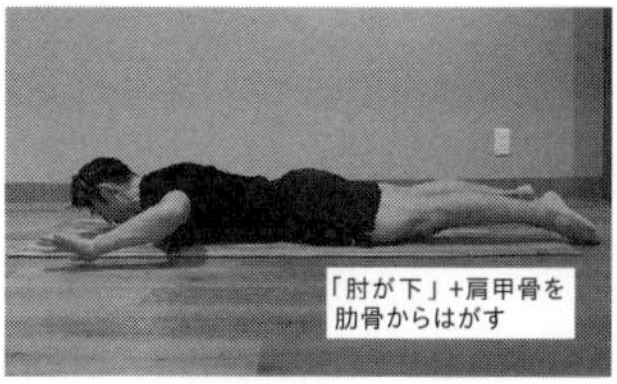

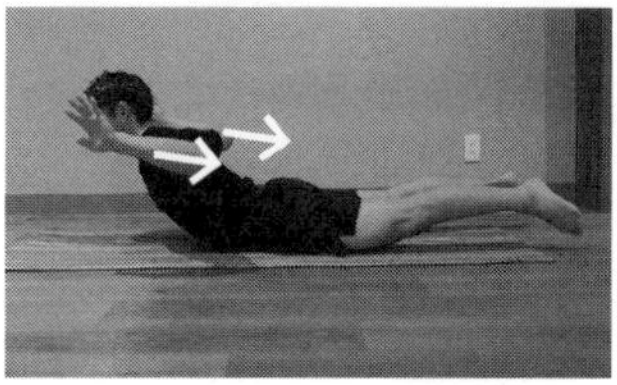

原理原則

Top

- 背骨フリー
- 腹〜腰回りを広く
- 「肘が下」／指先から
- 「膝が下」／踵で押す
- 鼠径部を締めない

Satellite

- 胸椎下側のカーブ
- みぞおちの前に胸を乗せる
- 骨盤の後ろ側を上げる
- 股関節から折り畳む

34 ③コア・ユニットの「鍛錬」メソッド
背筋・クロス

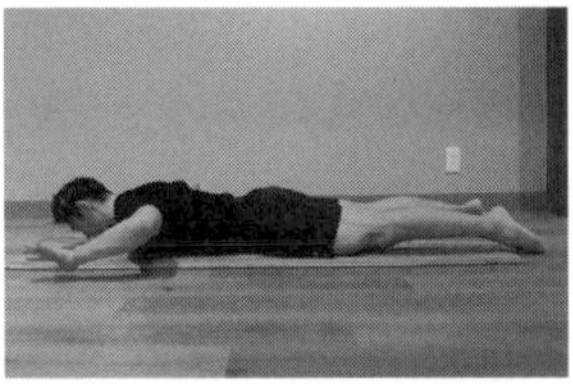

原理原則

Top

・背骨フリー
・腹〜腰回りを広く
・「肘が下」／指先から
・「膝が下」／踵で押す
・鼠径部を締めない

Satellite

・胸椎下側のカーブ
・みぞおちの前に胸を乗せる
・骨盤の後ろ側を上げる
・股関節から折り畳む

35 ③コア・ユニットの「鍛錬」メソッド
背筋・四つ這いダイアゴナル

原理原則

Top

・背骨フリー
・腹〜腰回りを広く
・「肘が下」／指先から
・「膝が下」／踵で押す
・鼠径部を締めない

Satellite

・胸椎下側のカーブ
・みぞおちの前に胸を乗せる
・骨盤の後ろ側を上げる
・股関節から折り畳む

36

③ コア・ユニットの「鍛錬」メソッド

懸垂・ノーマル

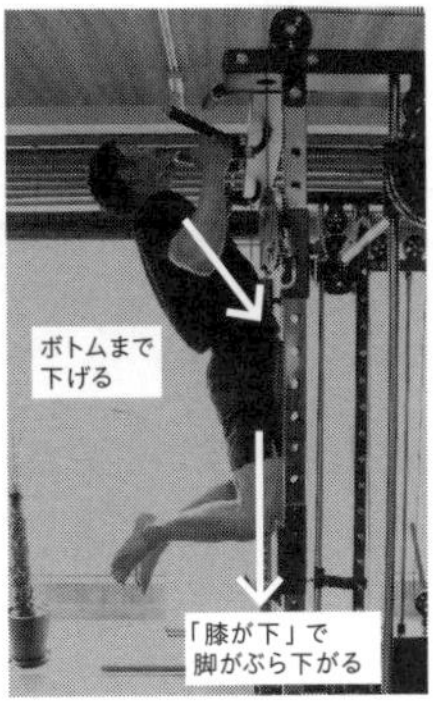

原理原則

Top

・背骨フリー
・腹～腰回りを広く
・「肘が下」／指先から
・「膝が下」／踵で押す
・鼠径部を締めない

Satellite

・胸椎下側のカーブ
・みぞおちの前に胸を乗せる
・骨盤の後ろ側を上げる
・股関節から折り畳む

グリップの位置

37

③ コア・ユニットの「鍛錬」メソッド
懸垂・脚90度

原理原則

Top
- 背骨フリー
- 腹〜腰回りを広く
- 「肘が下」／指先から
- 「膝が下」／踵で押す
- 鼠径部を締めない

Satellite
- 胸椎下側のカーブ
- みぞおちの前に胸を乗せる
- 骨盤の後ろ側を上げる
- 股関節から折り畳む

38

③ コア・ユニットの「鍛錬」メソッド
鉄棒ぶら下がり腹筋・両脚屈伸

原理原則

Top
- 背骨フリー
- 腹〜腰回りを広く
- 「肘が下」／指先から
- 「膝が下」／踵で押す
- 鼠径部を締めない

Satellite
- 胸椎下側のカーブ
- みぞおちの前に胸を乗せる
- 骨盤の後ろ側を上げる
- 股関節から折り畳む

39

③ コア・ユニットの「鍛錬」メソッド

鉄棒ぶら下がり腹筋・片脚屈伸

原理原則

Top

・背骨フリー
・腹～腰回りを広く
・「肘が下」／指先から
・「膝が下」／踵で押す
・鼠径部を締めない

Satellite

・胸椎下側のカーブ
・みぞおちの前に胸を乗せる
・骨盤の後ろ側を上げる
・股関節から折り畳む

40

③ コア・ユニットの「鍛錬」メソッド

鉄棒ぶら下がり腹筋・両脚90度伸ばし

原理原則

Top

・背骨フリー
・腹～腰回りを広く
・「肘が下」／指先から
・「膝が下」／踵で押す
・鼠径部を締めない

Satellite

・胸椎下側のカーブ
・みぞおちの前に胸を乗せる
・骨盤の後ろ側を上げる
・股関節から折り畳む

41

③ コア・ユニットの「鍛錬」メソッド

鉄棒ぶら下がり腹筋・両脚ぶん回し

原理原則

Top

・背骨フリー
・腹〜腰回りを広く
・「肘が下」／指先から
・「膝が下」／踵で押す
・鼠径部を締めない

Satellite

・胸椎下側のカーブ
・みぞおちの前に胸を乗せる
・骨盤の後ろ側を上げる
・股関節から折り畳む

42

③ コア・ユニットの「鍛錬」メソッド

鉄棒ぶら下がり腹筋・ツイスト

原理原則

Top

・背骨フリー
・腹〜腰回りを広く
・「肘が下」／指先から
・「膝が下」／踵で押す
・鼠径部を締めない

Satellite

・胸椎下側のカーブ
・みぞおちの前に胸を乗せる
・骨盤の後ろ側を上げる
・股関節から折り畳む

43
③ コア・ユニットの「鍛錬」メソッド
鉄棒ぶら下がり腹筋・みぞおち脚乗せ

原理原則

Top
- 背骨フリー
- 腹〜腰回りを広く
- 「肘が下」／指先から
- 「膝が下」／踵で押す
- 鼠径部を締めない

Satellite
- 胸椎下側のカーブ
- みぞおちの前に胸を乗せる
- 骨盤の後ろ側を上げる
- 股関節から折り畳む

44
③ コア・ユニットの「鍛錬」メソッド
プランク・ノーマル

原理原則

Top
- 背骨フリー
- 腹〜腰回りを広く
- 「肘が下」／指先から
- 「膝が下」／踵で押す
- 鼠径部を締めない

Satellite
- 胸椎下側のカーブ
- みぞおちの前に胸を乗せる
- 骨盤の後ろ側を上げる
- 股関節から折り畳む

45

③ コア・ユニットの「鍛錬」メソッド

プランク・サイド外転筋

原理原則

Top
- 背骨フリー
- 腹〜腰回りを広く
- 「肘が下」／指先から
- 「膝が下」／踵で押す
- 鼠径部を締めない

Satellite
- 胸椎下側のカーブ
- みぞおちの前に胸を乗せる
- 骨盤の後ろ側を上げる
- 股関節から折り畳む

46

③ コア・ユニットの「鍛錬」メソッド

プランク・サイド内転筋

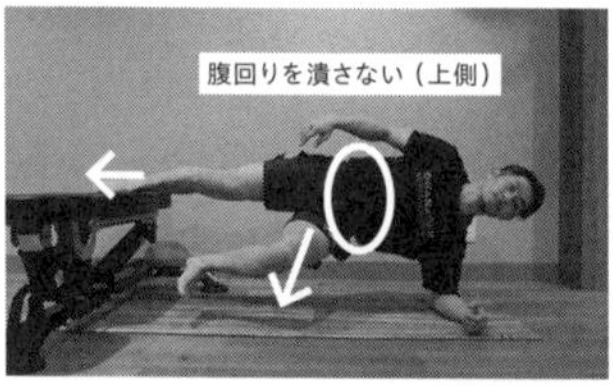

原理原則

Top
- 背骨フリー
- 腹〜腰回りを広く
- 「肘が下」／指先から
- 「膝が下」／踵で押す
- 鼠径部を締めない

Satellite
- 胸椎下側のカーブ
- みぞおちの前に胸を乗せる
- 骨盤の後ろ側を上げる
- 股関節から折り畳む

47

③ コア・ユニットの「鍛錬」メソッド

股関節・ヒップリフト

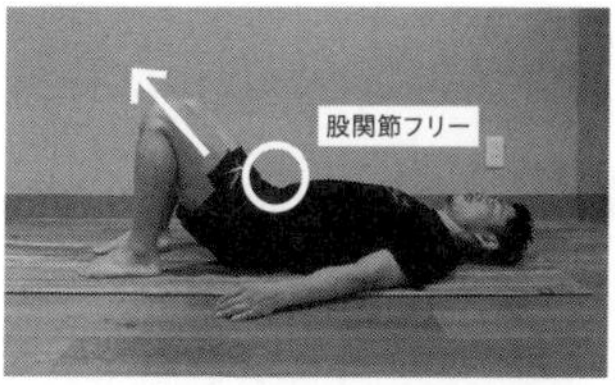

原理原則

Top

- 背骨フリー
- 腹〜腰回りを広く
- 「肘が下」／指先から
- 「膝が下」／踵で押す
- 鼠径部を締めない

Satellite

- 胸椎下側のカーブ
- みぞおちの前に胸を乗せる
- 骨盤の後ろ側を上げる
- 股関節から折り畳む

片脚

原理原則

Top

- 背骨フリー
- 腹〜腰回りを広く
- 「肘が下」／指先から
- 「膝が下」／踵で押す
- 鼠径部を締めない

Satellite

- 胸椎下側のカーブ
- みぞおちの前に胸を乗せる
- 骨盤の後ろ側を上げる
- 股関節から折り畳む

48

③ コア・ユニットの「鍛錬」メソッド

股関節・ヒップスラスト

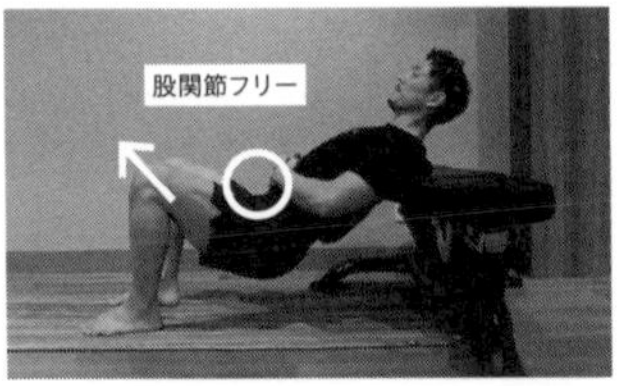

原理原則

Top

・背骨フリー
・腹〜腰回りを広く
・「肘が下」／指先から
・「膝が下」／踵で押す
・鼠径部を締めない

Satellite

・胸椎下側のカーブ
・みぞおちの前に胸を乗せる
・骨盤の後ろ側を上げる
・股関節から折り畳む

片脚

原理原則

Top

・背骨フリー
・腹〜腰回りを広く
・「肘が下」／指先から
・「膝が下」／踵で押す
・鼠径部を締めない

Satellite

・胸椎下側のカーブ
・みぞおちの前に胸を乗せる
・骨盤の後ろ側を上げる
・股関節から折り畳む

49

③ コア・ユニットの「鍛錬」メソッド

股関節・屈曲→外旋→内旋伸展

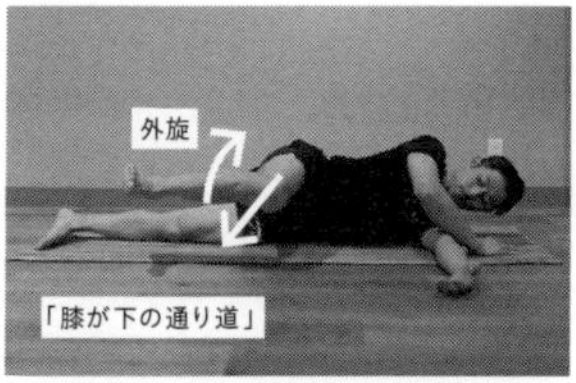

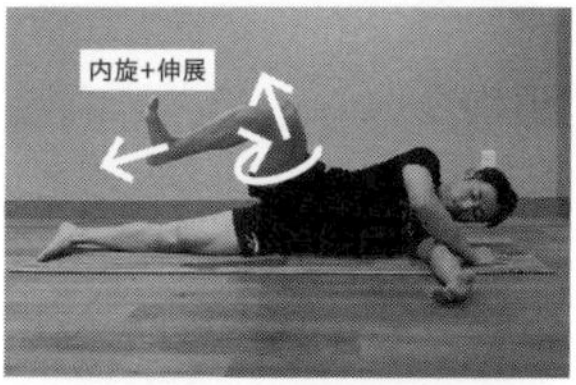

原理原則

Top

- 背骨フリー
- 腹〜腰回りを広く
- 「肘が下」／指先から
- 「膝が下」／踵で押す
- 鼠径部を締めない

Satellite

- 胸椎下側のカーブ
- みぞおちの前に胸を乗せる
- 骨盤の後ろ側を上げる
- 股関節から折り畳む

50

③ コア・ユニットの「鍛錬」メソッド

股関節・外転

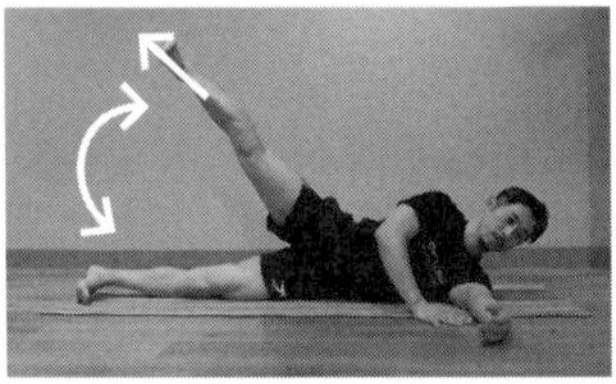

原理原則

Top

・背骨フリー
・腹〜腰回りを広く
・「肘が下」／指先から
・「膝が下」／踵で押す
・鼠径部を締めない

Satellite

・胸椎下側のカーブ
・みぞおちの前に胸を乗せる
・骨盤の後ろ側を上げる
・股関節から折り畳む

51

③ コア・ユニットの「鍛錬」メソッド

しなり系・キャットアンドドック

原理原則

Top

・背骨フリー
・腹〜腰回りを広く
・「肘が下」／指先から
・「膝が下」／踵で押す
・鼠径部を締めない

Satellite

・胸椎下側のカーブ
・みぞおちの前に胸を乗せる
・骨盤の後ろ側を上げる
・股関節から折り畳む

52

③ コア・ユニットの「鍛錬」メソッド

しなり系・ブリッジ

原理原則

Top

- 背骨フリー
- 腹～腰回りを広く
- 「肘が下」／指先から
- 「膝が下」／踵で押す
- 鼠径部を締めない

Satellite

- 胸椎下側のカーブ
- みぞおちの前に胸を乗せる
- 骨盤の後ろ側を上げる
- 股関節から折り畳む

応用

53

③ コア・ユニットの「鍛錬」メソッド

しなり系・膝立ち

応用

原理原則

Top

・背骨フリー
・腹〜腰回りを広く
・「肘が下」／指先から
・「膝が下」／踵で押す
・鼠径部を締めない

Satellite

・胸椎下側のカーブ
・みぞおちの前に胸を乗せる
・骨盤の後ろ側を上げる
・股関節から折り畳む

54

③ コア・ユニットの「鍛錬」メソッド

スクワット系・壁90度両脚

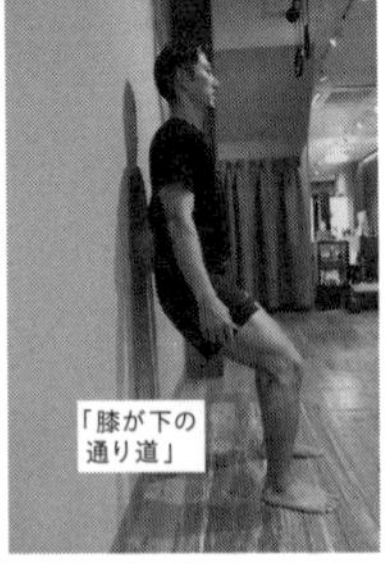

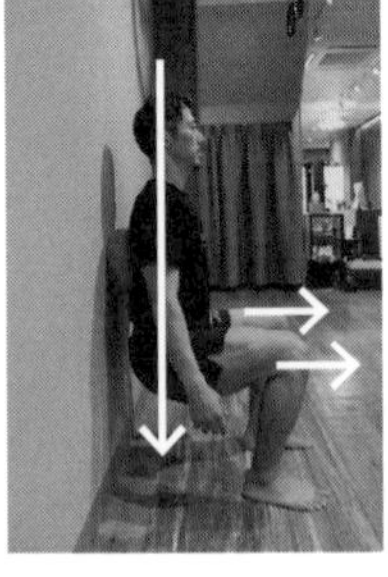

原理原則

Top

・背骨フリー
・腹〜腰回りを広く
・「肘が下」／指先から
・「膝が下」／踵で押す
・鼠径部を締めない

Satellite

・胸椎下側のカーブ
・みぞおちの前に胸を乗せる
・骨盤の後ろ側を上げる
・股関節から折り畳む

55

③ コア・ユニットの「鍛錬」メソッド

スクワット系・壁90度片脚

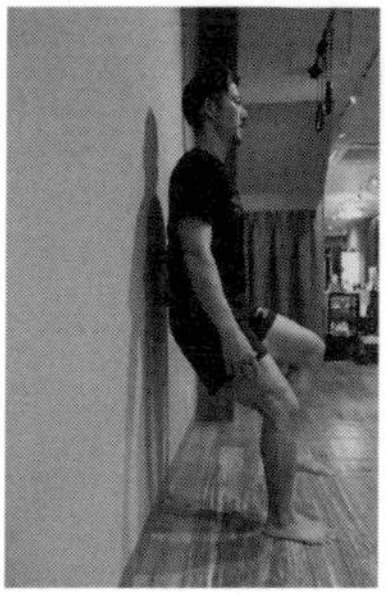

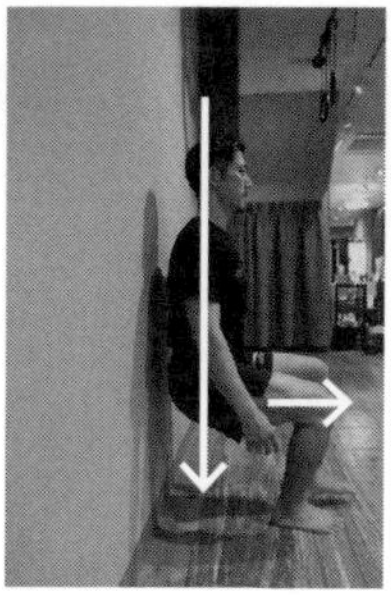

原理原則

Top

・背骨フリー
・腹〜腰回りを広く
・「肘が下」／指先から
・「膝が下」／踵で押す
・鼠径部を締めない

Satellite

・胸椎下側のカーブ
・みぞおちの前に胸を乗せる
・骨盤の後ろ側を上げる
・股関節から折り畳む

56

③ コア・ユニットの「鍛錬」メソッド

ヒップロック・股関節内外旋

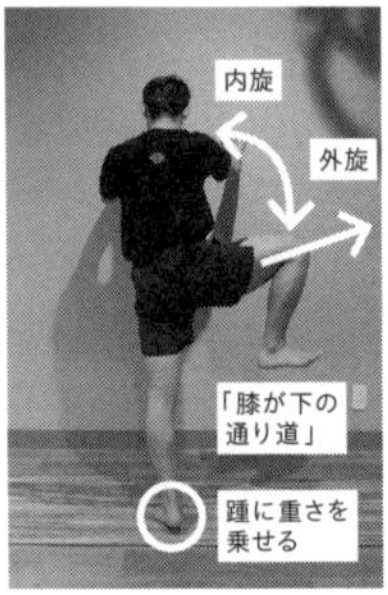

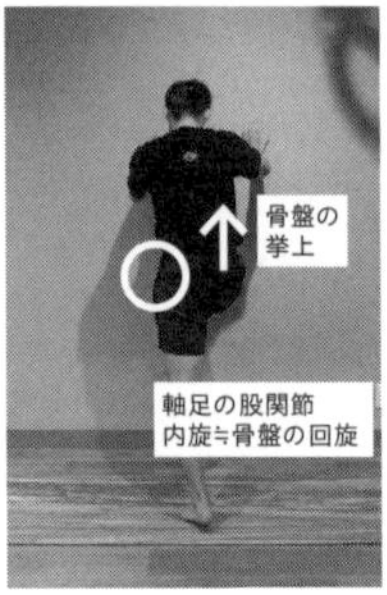

原理原則

Top

・背骨フリー
・腹～腰回りを広く
・「肘が下」／指先から
・「膝が下」／踵で押す
・鼠径部を締めない

Satellite

・胸椎下側のカーブ
・みぞおちの前に胸を乗せる
・骨盤の後ろ側を上げる
・股関節から折り畳む

応用・手を置く位置

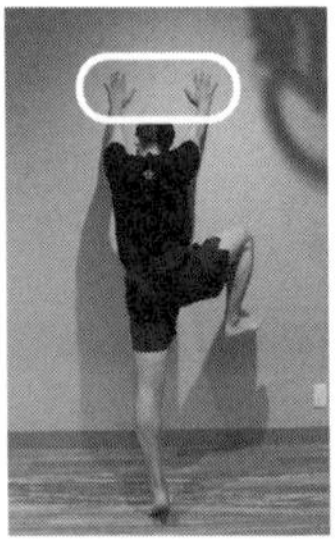

バランスボール

原理原則

Top

・背骨フリー
・腹～腰回りを広く
・「肘が下」／指先から
・「膝が下」／踵で押す
・鼠径部を締めない

Satellite

・胸椎下側のカーブ
・みぞおちの前に胸を乗せる
・骨盤の後ろ側を上げる
・股関節から折り畳む

57

③ コア・ユニットの「鍛錬」メソッド

ヒップロック・側屈＋股関節屈伸

原理原則

Top
- 背骨フリー
- 腹〜腰回りを広く
- 「肘が下」／指先から
- 「膝が下」／踵で押す
- 鼠径部を締めない

Satellite
- 胸椎下側のカーブ
- みぞおちの前に胸を乗せる
- 骨盤の後ろ側を上げる
- 股関節から折り畳む

58

③ コア・ユニットの「鍛錬」メソッド

ヒップロック・横方向

応用

原理原則

Top
- 背骨フリー
- 腹〜腰回りを広く
- 「肘が下」／指先から
- 「膝が下」／踵で押す
- 鼠径部を締めない

Satellite
- 胸椎下側のカーブ
- みぞおちの前に胸を乗せる
- 骨盤の後ろ側を上げる
- 股関節から折り畳む

59

③ コア・ユニットの「鍛錬」メソッド

ヒップロック・台上がり→下り

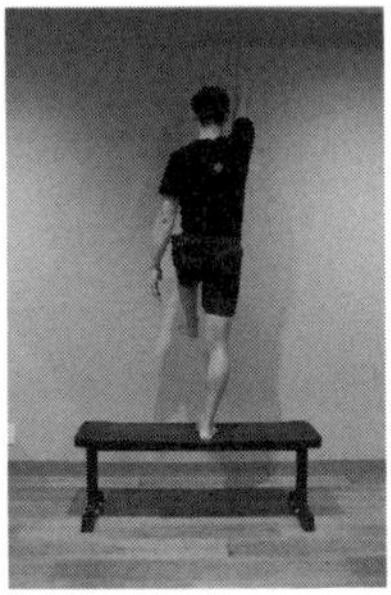

原理原則

Top
- 背骨フリー
- 腹〜腰回りを広く
- 「肘が下」／指先から
- 「膝が下」／踵で押す
- 鼠径部を締めない

Satellite
- 胸椎下側のカーブ
- みぞおちの前に胸を乗せる
- 骨盤の後ろ側を上げる
- 股関節から折り畳む

下り

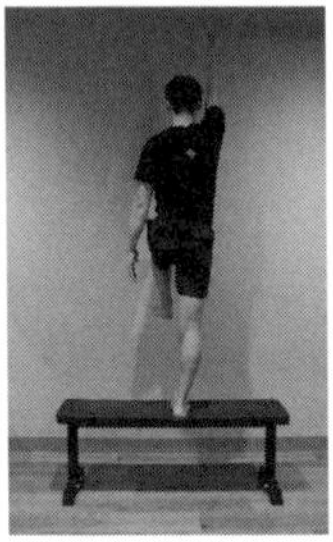

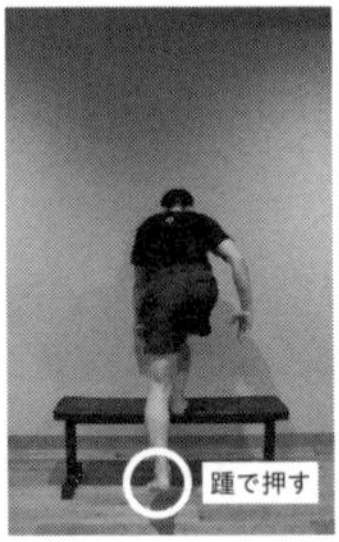

原理原則

Top
- 背骨フリー
- 腹〜腰回りを広く
- 「肘が下」／指先から
- 「膝が下」／踵で押す
- 鼠径部を締めない

Satellite
- 胸椎下側のカーブ
- みぞおちの前に胸を乗せる
- 骨盤の後ろ側を上げる
- 股関節から折り畳む

60

③ コア・ユニットの「鍛錬」メソッド

縄跳び・弾む

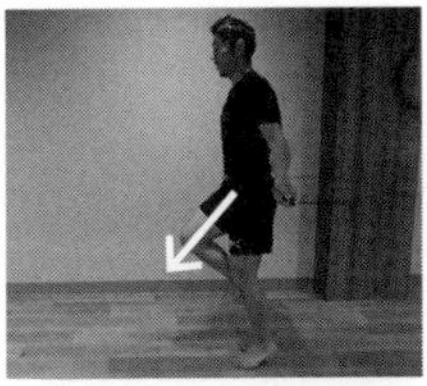

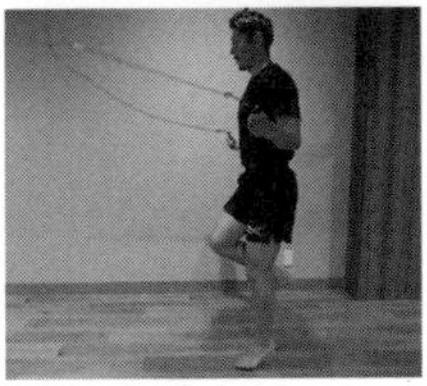

「足関節のバネ」

原理原則

Top

・背骨フリー
・腹〜腰回りを広く
・「肘が下」／指先から
・「膝が下」／踵で押す
・鼠径部を締めない

Satellite

・胸椎下側のカーブ
・みぞおちの前に胸を乗せる
・骨盤の後ろ側を上げる
・股関節から折り畳む

61

③ コア・ユニットの「鍛錬」メソッド

縄跳び・沈む

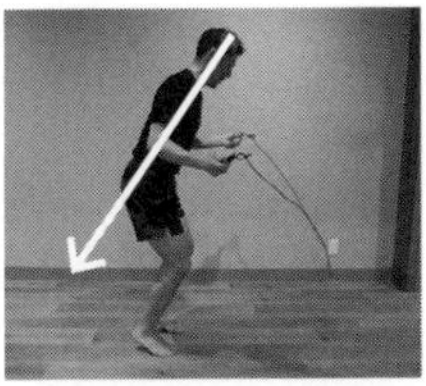

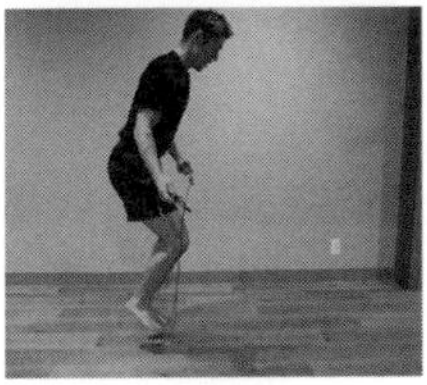

「足関節のバネ」

原理原則

Top

・背骨フリー
・腹〜腰回りを広く
・「肘が下」／指先から
・「膝が下」／踵で押す
・鼠径部を締めない

Satellite

・胸椎下側のカーブ
・みぞおちの前に胸を乗せる
・骨盤の後ろ側を上げる
・股関節から折り畳む

動きやすくするためのストレッチ集

62 背骨・回旋

63 背骨・逆回旋

64 背骨・肩屈曲＋側屈

65 背骨・肩水平内転＋回旋

③ コア・ユニットの「鍛錬」メソッド

動きやすくするためのストレッチ集

66 背骨・肩水平伸展

67 背骨・頭部屈曲

68 背骨・座位回旋

69 背骨・うつ伏せ伸展＋回旋

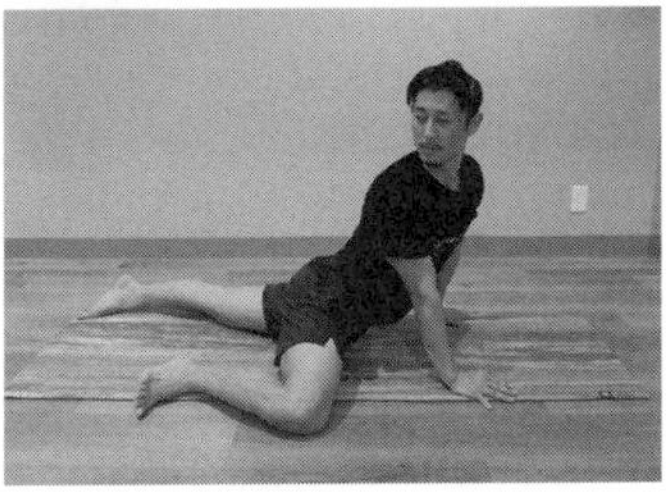

動きやすくするためのストレッチ集

70 骨盤・壁手押し＋骨盤下制

骨盤の右側を下げる

71 骨盤・開脚

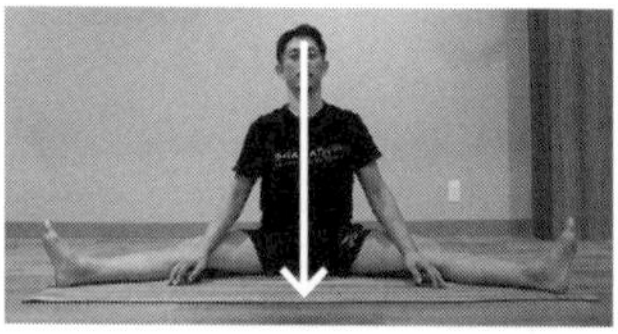

72 骨盤・開脚＋側屈

73 骨盤・開脚＋回旋

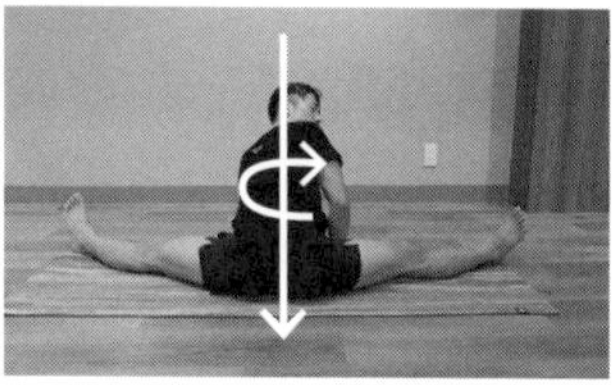

74 骨盤・前後開脚

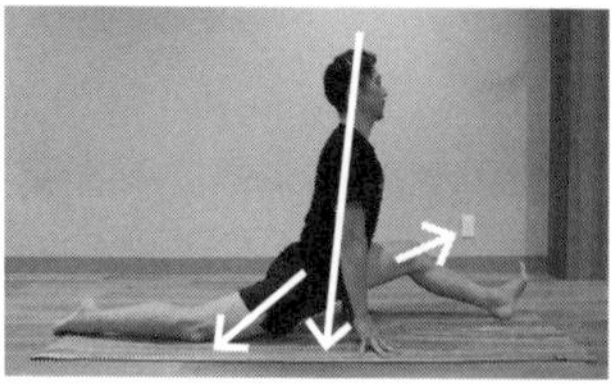

③ コア・ユニットの「鍛錬」メソッド

動きやすくするためのストレッチ集

77 股関節・四つ這い股関節内旋

78 股関節・四つ這い股関節後方

79 股関節・殿部

75 股関節・四つ這い股割り

76 股関節・四つ這い鼠径部

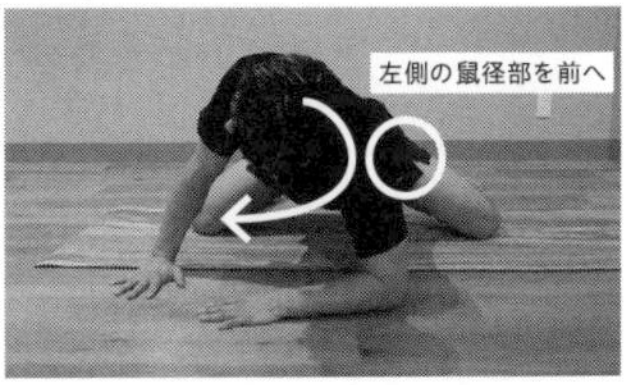

80 膝下・下腿回旋
動きやすくするためのストレッチ集

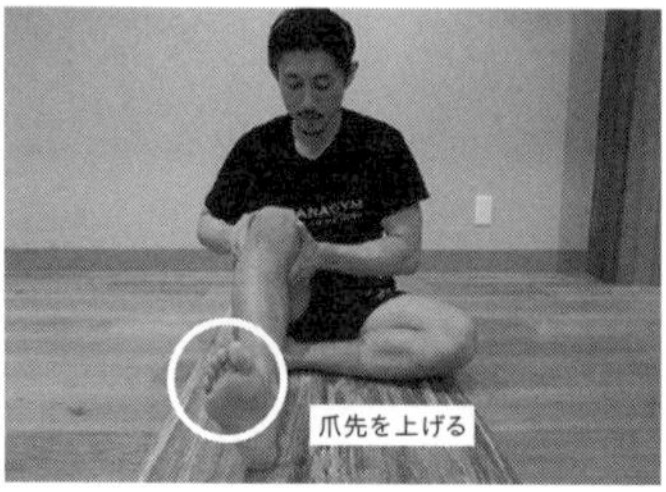

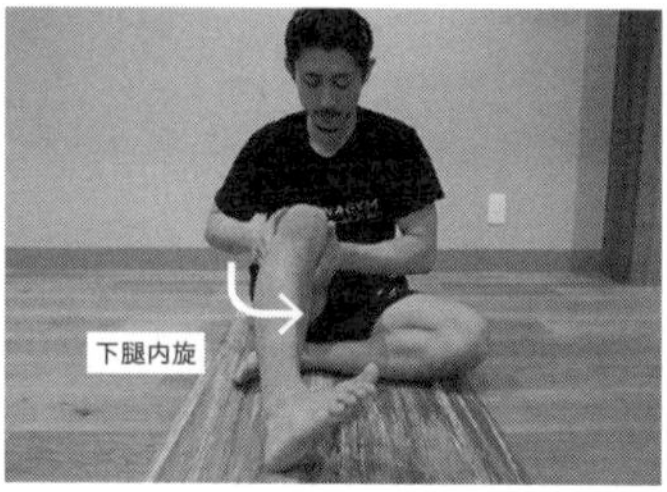

81 膝下・膝伸展
動きやすくするためのストレッチ集

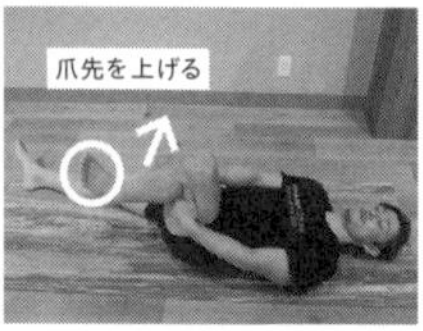

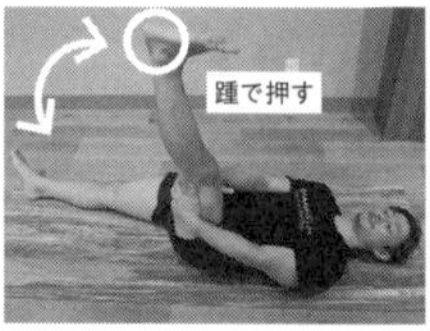

応用　内・外旋

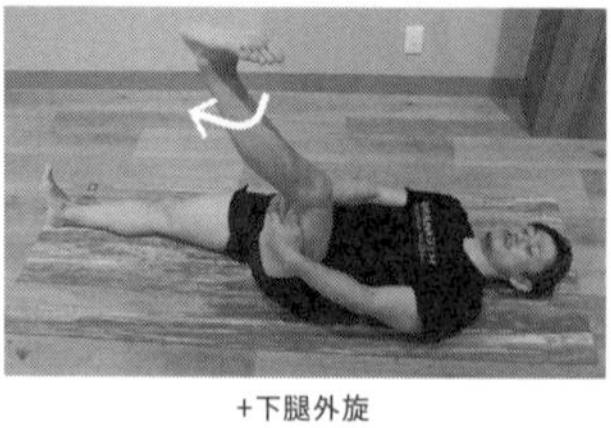

+下腿外旋

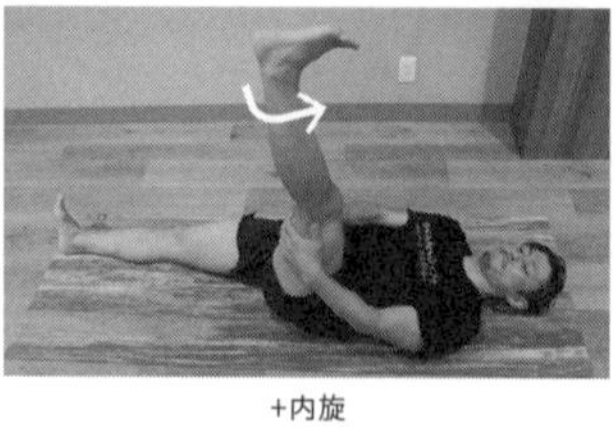

+内旋

82 足趾・伸展、屈曲
動きやすくするためのストレッチ集

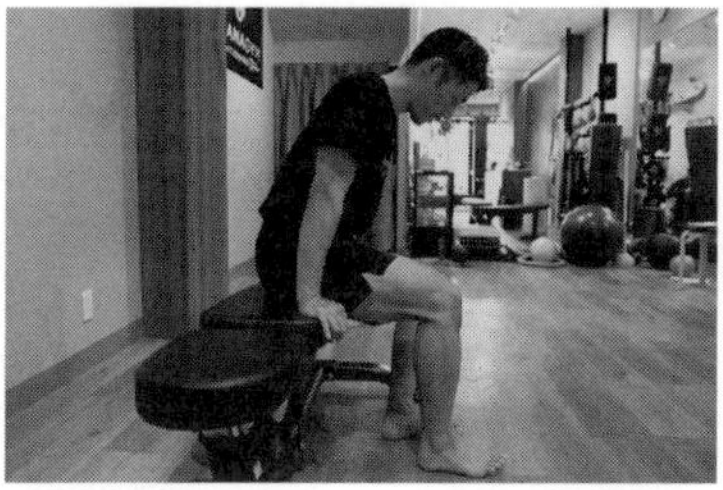

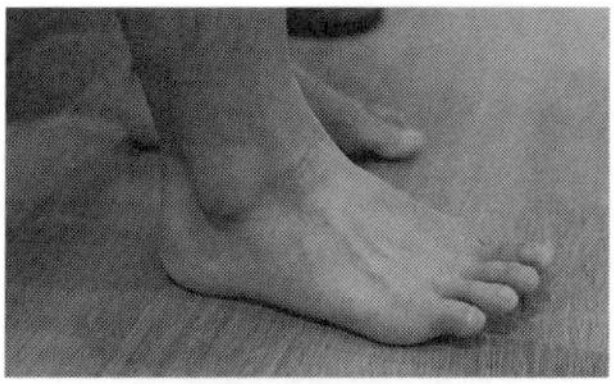

指先までスッと伸ばす

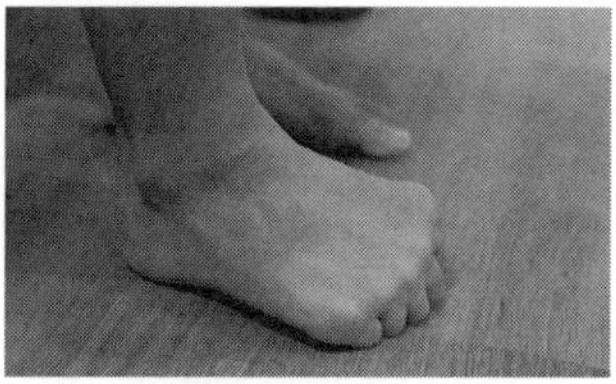

指先からしっかり握る

応用

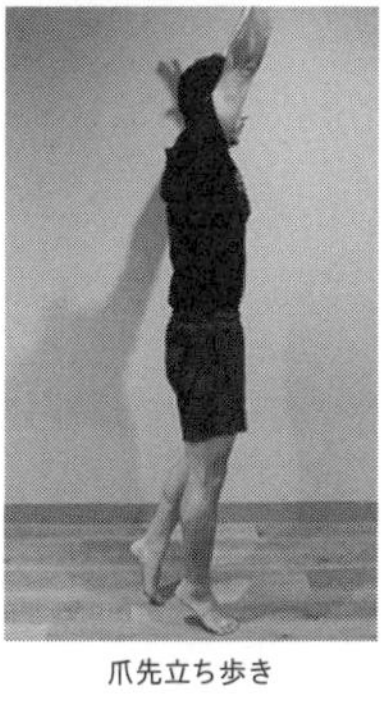

爪先立ち歩き

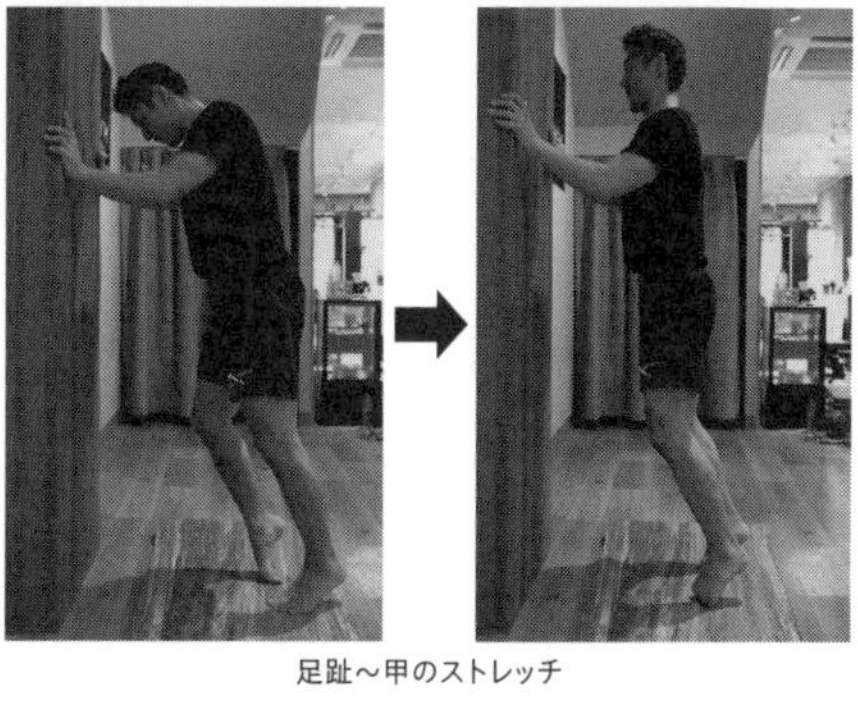

足趾〜甲のストレッチ

83 肩、肘・回旋
動きやすくするためのストレッチ集

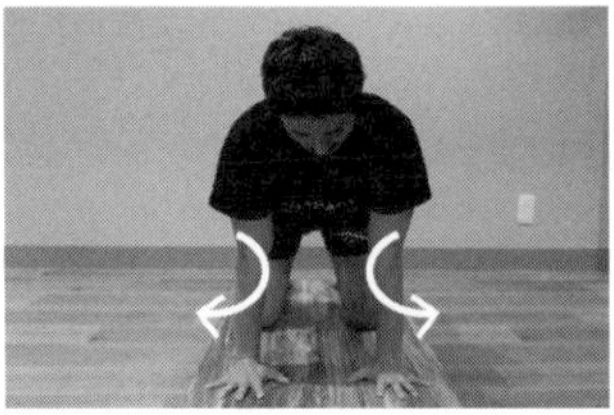

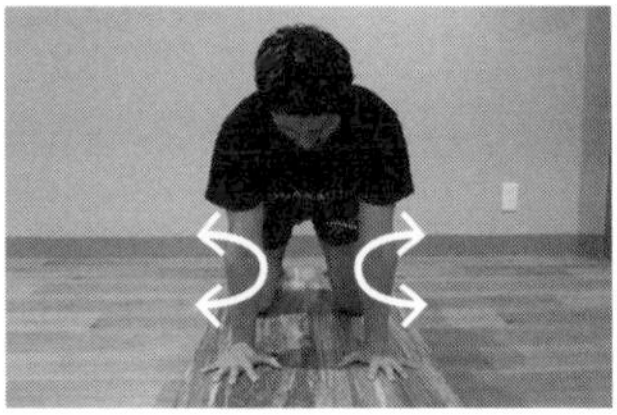

肘の折り目が前を向く

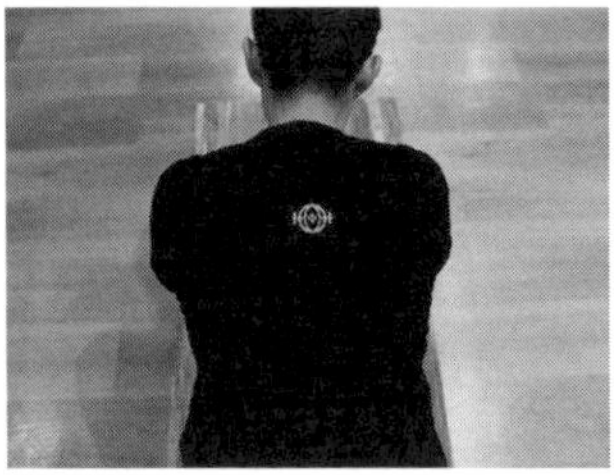

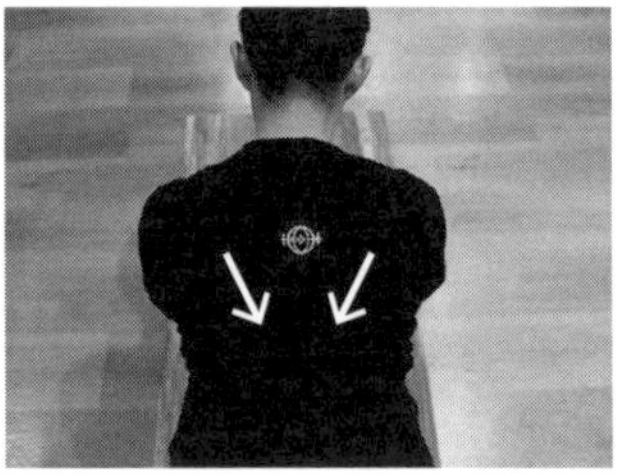

肩甲骨の下の角が内下方へ

撮影モデル

菅原祐太 （OHANA GYM conditioning studio 代表）

撮影協力

100年間、"美しく動ける心と身体"を作るコンディショニングジム

OHANA GYM conditioning studio

〒135-0033
東京都江東区深川1-4-8 アルト深川2F
TEL 080-9575-8121
https://ohanagym.jp

おわりに

本書を出版するきっかけになったエピソードについてお話しします。

2022年の夏に数年ぶりに監修者の須佐徹太郎氏にお会いした際に、サッカー選手の身体作りに関して私の考えていることをお話しさせていただく機会がありました。その日の夜の会合で、須佐氏が知人の方になぜか「この人はこれからサッカーの本を書く！」と紹介されていて、サッカーの現場から離れていた私は、この人はいったい何を言っているんだろう？　と正直なところ思いました。しかしながら、そのひと言は私がこれまでに活動してきた内容を何らかの形でまとめたほうがよいのでは？　ということを考えるきっかけになったのも事実でした。そこから、感覚的にやっていたことを言語化し、また学術とも照らし合わせながら考えを整理するようになりました。

2021年に大きな手術をしたあと、原因のはっきりしないコンディション不良が快方に向かわず、途方に暮れかけていた私は、慶應義塾大学ソッカー部時代の恩師である須田芳正前監督（現：慶應義塾体育研究所教授）に23年春に術後2年の近況報告をした際に、「三浦さんのことはいつでも応援しています！」と背中を押されるような言葉をいただき、そろそろ何か新しいことにチャレンジしないといけないと思うようになりました。

そこで、真っ先に思い浮かんだのが須佐氏の存在でした。たとえ、他の方に良いとか面白いとか言われたとしても、須佐氏にサッカー選手の身体作りに関する相談をしたときにダメとかつまらないとか言われたとしたら、それは大した内容ではないのだろうと考えていました。そこから、本当に一生懸命頑張ってくれた選手たちや、活動を温かく見守っていただいた指導者や関係者の方々の顔を思い浮かべながら、渾身を込めて私の考えるサッカー選手の身体作りの資料を作成しました。そのフィードバックをしていただきたい旨を須佐氏に電話でお願いしました。第一声は「高いよ!」との冗談(?)を言われましたが、快諾していただきました。

そして2023年の9月に、大阪にある須佐氏のご自宅にプレゼンをするために伺いました。前日は緊張のあまり眠れず、当日の移動の新幹線では座席とトイレを何往復もしたのを覚えています。ご自宅に上がり部屋に伺うと、机の上には直前に送った資料が丁寧にファイリングされてあり、また、それだけではなくきれいな文字で書かれたコメントでぎっしり埋め尽くされていたのがチラッと見えました。須佐氏のサッカーに衝撃を受けて話をしに伺えるようになるまで10年かかりましたが、資料を大事に扱われているのを見ただけで、ここまで一生懸命頑張ってきて本当に良かった、と心の底から思ったのを覚えています。

大変申し訳ないのですが……2時間以上かかったプレゼンで何を話したのかも、その場でのフィードバックの内容も正直ほとんど覚えていません。プレゼン後(正確には終盤……)には、奥様に豪華な手料理を振る舞っていただき、酒宴が始まったのですが、とても美味しかった記憶だけはあるものの、正直何を食べたかも、どんな会話をしたかもあまり覚えていません。解散後の宿泊先のホテルでも、やり終えた開放感はほとんどなく興奮していたためなのか、なかなか寝つけませんでした。

その後、須佐氏に紹介していただいたのが、私の最大の趣味である競馬サークルで仕事をされていた経験のあるカンゼン社の石沢鉄平氏だったのは、何か運命めいたものを感じました。さらには、出版にあたり、ライター・編集者の鈴木康浩氏、フォトグラファーの三原充史氏、デザイナーの三谷明里氏、撮影モデルのOHANA GYM 菅原祐太氏というプロフェッショナルな方々とご一緒させていただきチームを組めたのは、この上なく有難いことでした。

また、私が毎日のように送信するサッカー選手のトレーニング動画や写真、記事に飽きずに付き合ってくれた、2017年に結成された「サッカーオタクの会」のメンバーである八王子スポーツ整形外科の白石稔先生と医療法人祐昇会の平塚哲晃先生の存在なしでは、この書籍の内容は語ることはできません。さらには、理学療法士養成校の卒業時に「高い目標を忘れず、そして選手のために」という言葉を色紙に書いてくださった、恩師であり人生の師でもある塩澤伸一郎先生（現：株式会社RMI代表取締役）にお会いしていなければ、ここまで辿り着けなかったと思います。塩澤先生の真摯に学究される姿やその立ち居振る舞いは、そのまま私のプレーモデルとさせていただいています。

最後に、いつでもどんなときでも一緒にいるだけで幸せを感じさせてくれる最愛の妻と息子には、どんなに感謝してもしきれません。

サッカーが楽しくてうまくなりたくてたまらない方、対照的に苦しんだりつらい思いをしている方のどちらにも、本書が少しでもお役に立てればこれほどうれしいことはありません。

本書をもって、これまでサッカーを通して出会ったすべての方々への恩返しとさせてください。

2024年3月　三浦哲哉

参考文献

【書籍】

秋本真吾『一流アスリートがこぞって実践する 最強の走り方』徳間書店、２０１９年
岩瀬健『サッカー指導者は伝え方で決まる 机上は緻密に、現場は柔軟に』カンゼン、２０２２年
植田文也『エコロジカル・アプローチ「教える」と「学ぶ」の価値観が劇的に変わる新しい運動学習の理論と実践』ソル・メディア、２０２３年
岡田武史『岡田メソッド―自立する選手、自律する組織をつくる16歳までのサッカー指導体系』英治出版、２０１９年
グレイ・クック『ムーブメント―ファンクショナルムーブメントシステム：動作のスクリーニング、アセスメント、修正ストラテジー』中丸宏二、小山貴之、相澤純也、新田收（訳）、ナップ、２０１４年
坂田淳、橘内基純（編）『トータルアスリートサポート 院内リハビリテーションから現場でのコンディショニングまで』山崎哲也（監）、メジカルビュー社、２０２３年
杉田正明、片野秀樹（編）『休養学基礎 疲労を防ぐ！健康指導に活かす』メディカ出版、２０２１年
須田芳正、福岡正高、杉崎達哉、福士徳文『ドイツサッカー文化論』東洋館出版社、２０２３年
高平尚伸（編）『Save the Athelete 股関節スポーツ損傷』メジカルビュー社、２０２０年
広瀬統一、泉重樹、福田崇、稲見崇孝（編）『ケガをしないカラダ作り イラストで見るスポーツ医学とトレーニング』東洋館出版社、２０２３年
藤澤和雄『競走馬私論 馬はいつ走る気になるか』クレスト新社、１９９９年
フラン・ボッシュ『コンテクスチュアルトレーニング 運動学習・運動制御理論に基づくトレーニングとリハビリテーション』谷川聡、大山卞圭悟（監訳）、大修館書店、２０１９年
ヘルマン・カスターニョス『フットボールヴィセラルトレーニング 無意識下でのプレーを覚醒させる先鋭理論［導入編］』進藤正幸（監）、結城康平（訳）、カンゼン、２０２３年
山城美智『泊手 突き本』チャンプ、２０１８年

【雑誌・論文】

宇都宮啓他「スポーツ外傷・障害診療のための解剖学 第7回 大腿骨寛骨臼インピンジメント」臨床スポーツ医学40巻7号、２０２３年

参考文献

江波戸智希「サッカーにおける走る動作特性から考える パフォーマンス向上戦略と外傷・障害予防」トレーニング科学35巻3号、２０２３年

江波戸智希他「股関節・鼠径部痛の既往者におけるランニング動作の特徴」日本アスレティックトレーニング学会誌7巻1号、２０２１年

大貫崇「呼吸機能と体幹、横隔膜の関係について」日本アスレティックトレーニング学会誌5巻1号、２０１９年

奥平柾道他「サッカー選手の三次元的なスプリント動作の特徴：陸上短距離選手との比較から」スプリント研究28、２０１９年

奥平柾道他「短距離走選手にみられるスプリント走動作の特徴」臨床スポーツ医学40巻11号、２０２３年

笠原政志他「スポーツ現場における戦略的リカバリー」トレーニング科学28巻4号、２０１７年

川原布紗子他「光刺激による状況判断の有無が方向転換動作に及ぼす影響」体育学研究66巻、２０２１年

佐渡夏紀「ヒト全力移動における体幹の貢献」体育の科学71巻12号、２０２１年

鈴川仁人「第5中足骨疲労骨折予防のためのトレーニング法」臨床スポーツ医学25巻、２００８年

谷川聡「トレーニング科学はスプリンターのパフォーマンス向上に貢献しているか?」トレーニング科学31巻3号、２０１９年

信岡沙希重他「児童の接地タイプによる疾走パフォーマンスの違い」スポーツ科学研究17、２０２０年

星川佳弘他「U－15（中学生）サッカー選手のスプリント加速局面のステップ長とピッチ—速い選手と遅い選手の学年別比較」日本女子体育大学附属基礎体力研究所30、２０２０年

星川佳弘他「トレーニング科学のサッカーへの応用：日本の育成期サッカー選手のLong-term Athlete Development」トレーニング科学28巻2号、２０１７年

山田魁人他「男子サッカー選手におけるパワー発揮能力とスプリント能力および方向転換能力の関係：跳躍タイプによる違いに着目して」Football Science 17巻、２０２０年

結城康平「TACTICAL FRONTIER ２０３０年のサッカーに対応する、フィジカルトレーニングの考察」『footballista』第89号、ソル・メディア、２０２２年

Bramah, C. Exploring the Role of Sprint Biomechanics in Hamstring Strain Injuries：A Current Opinion on Existing Concepts and Evidence Sports Medicine, 2023

Extrand, J. Hamstring injury have increased by 4% annually in men's professional football, since2001：a 13-year longitudinal analysis of the UEFA Elite Club injury Study British journal of sports medicine, 2016

Extrand, J. Hamstrings injury rates have increased during resent seasons and now constitute 24% of all injuries in men's professional football：the UEFA Elite Club injury study from 2001/02 to 2021/22 British journal of sports medicine57, 2023

Gabbett, Tj. The training-injury prevention paradox:should athletes be training smarter and harder? Br J sports Med, 2016

Matsunaga, R. Impact of the COVID-19 Pandemic on injury incidence in Japanese professional soccer players Orthopedic Journal of Sports Medicine 11(2), 2023

Terrell, S. 股関節インピンジメント：なぜフィジカルリテラシーが重要なのか　NSCA JAPAN 28(2), 2021

ブックデザイン＆DTP＆イラスト	三谷 明里（ウラニワデザイン）
写真	三原 充史
編集協力	鈴木 康浩
編集	石沢 鉄平（株式会社カンゼン）

サッカー フィジカルのプレーモデル

発行日　2024年4月23日　初版

著　者　三浦 哲哉
監修者　須佐 徹太郎
発行人　坪井 義哉
発行所　株式会社カンゼン

〒101-0021
東京都千代田区外神田2-7-1 開花ビル
TEL 03（5295）7723
FAX 03（5295）7725
https：//www.kanzen.jp/
郵便為替 00150-7-130339

印刷・製本 株式会社シナノ

ISBN 978-4-86255-719-3
Printed in Japan
定価はカバーに表示してあります。

ご意見、ご感想に関しましては、kanso@kanzen.jp までEメールにてお寄せください。
お待ちしております。